Modellautos

Ein seltenes Automobil und sein Modell:

Raimond Loewy's Studebaker Avanti von 1963.
Loewy gehörte zu den großen Formgestaltern unseres Jahrhunderts,
vom Rosenthal-Porzellan bis zu Stromlinienautos, auch für BMW und Mercedes.

Das Modell ist von EKO-Spanien.

BOTHO WAGNER UND CARLERNST BAECKER

Modellautos
im HO-Bahnmaßstab

Bechtermünz

Genehmigte Lizenzausgabe für Verlagsgruppe Weltbild GmbH, Augsburg

Umschlaggestaltung: Studio Höpfner-Thoma, München
Gesamtherstellung: Offizin Andersen Nexö, Leipzig
Printed in Germany

ISBN 3-8289-0777-6

2003 2002 2001
Die letzte Jahreszahl gibt die aktuelle Lizenzausgabe an.

Inhaltsverzeichnis

Der Einstieg

Dieses Buch soll in erster Linie eine Starthilfe sein und in das unendliche Gebiet der H0-Autos im Norm-Maßstab 1:87 einführen, ohne aber die größeren oder kleineren Autos der der Maßstäbe zwischen 1:70 und 1:100 völlig außer acht lassen.
Wir wollen dem Interessenten einen Branchenübersicht bieten, um sein ganz persönliches Sammelgebiet zu finden. Anlässe dazu gibt es genügend. So sammelt jemand etwas nur Autos aus dem Hause Märklin, weil schon sein Vater eine Märklin-Eisenbahn hatte. Der andere widmet seine Sammelleidenschaft den Autos der Firma Wiking, denn die frühen, unverglasten Modelle dieses Herstellers standen auf seiner ersten eigenen Modellbahnanlage. Für jüngere Autofreunde bieten die verglasten Modelle mehr Freude und die Rückkehr der eigenen Jugendzeit. und dabei haben wir noch gar nicht über die Typenvielfalt gesprochen, wie PKW oder LKW, Feuerwehren und Einsatzfahrzeuge aller Art, Militär-, Sport- und Rennfahrzeuge, Omnibusse oder Tankzüge, Oldtimer, und, und, und...
Um aber tatsächlich eine Orientierungshilfe in diesem Modell-Dschungel zu bieten, zeigen wir in unserer Auswahl möglichst typische Beispiele vieler Hersteller.

Viel Spaß.

Botho G. Wagner und Carlernst Baecker.

Die Modelle der Frühzeit

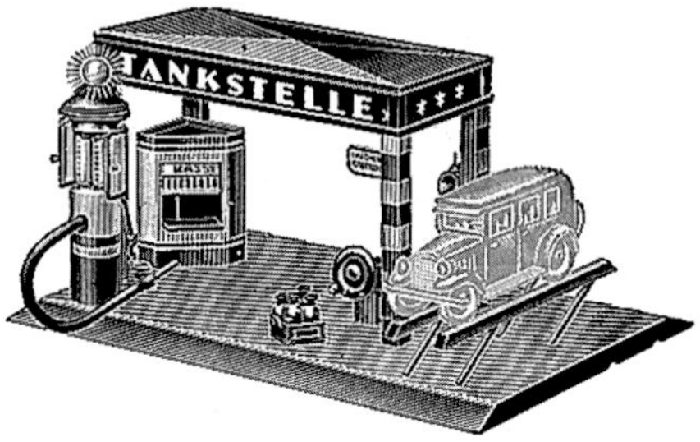

Autos im angenäherten Maßstab der späteren H0-Bahnen, also 1:87, tauchten schon sehr früh auf. Diese »Vorläufer« der Jahre zwischen 1900 und etwa 1935 nennt man in der Sammler-Fachsprache »Pennytoys« (engl.), wörtlich übersetzt heißt das »Pfennigspielzeug«. Hergestellt meist von Nürnberger Firmen, hier speziell Fischer, Gely oder Meyer, wurde dieses Klein-Spielzeug oft von Kaufhäusern an Kinder verschenkt oder auf Jahrmärkten in aller Welt billig angeboten. Da diese Pennytoy-Blechautos meist keinem konkreten Kraftfahrzeugtyp zugeordnet werden können, interessieren sich die Modellauto-Sammler oft nur wenig für diese frühen Stücke, die aber von einem besonderen Liebhaberkreis gesucht werden. Dies trifft auch auf die Holz-Miniaturen aus dem Erzgebirge zu, obwohl es gerade hier konkrete und sehr seltene Typen gibt, etwa das Opel-Raketenauto, das Hanomag-Kommißbrot oder Dreiradfahrzeuge und offene Omnibusse.

Aus der Sicht vieler Modellauto-Sammler wird es dann gegen Ende der 30er Jahre oder zu Beginn der 40er Jahre interessanter, mit den »KdF«-Wagen in Metallguß von Märklin oder Karl Bub. »KdF« steht für »Kraft durch Freude«, einer nationalsozialistischen Organisation, ursprünglich Träger der Volkswagen-Idee.

Die Vorkriegszeit bietet also dem Modellauto-Sammler im H0-Bereich nur wenig. Er wird deshalb dieses Gebiet ohne Gewissensbisse vernachlässigen können. Andererseits wird es Sammler geben, die – quasi als einstimmenden Vorspann – einige dieser Urahnen in ihre Sammlung einreihen möchten.

Das Heute: Die Auswahl ist riesig

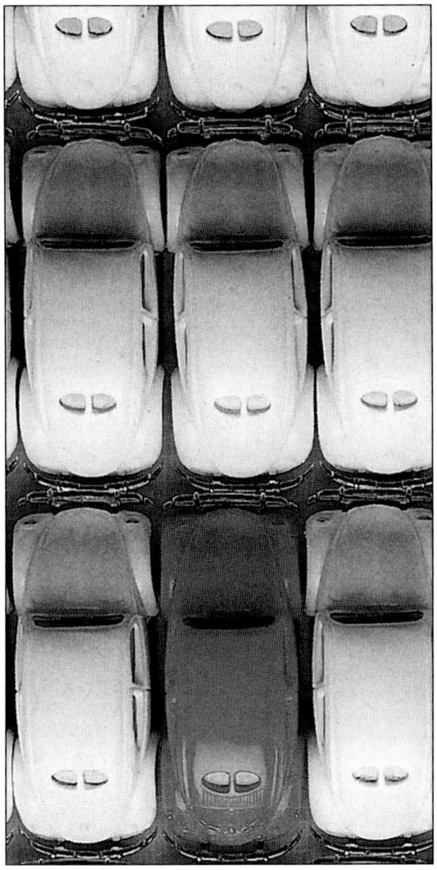

Im Jahre der Währungsreform, – am 20. Juni 1948 wurde die inflationäre Reichsmark durch die harte Deutsche Mark ersetzt –, startete Wiking seine Modellauto-Serie mit zunächst unverglasten Typen im Maßstab 1:100. Die Fenster der Autos waren damals zwar bereits vertieft, aber noch mit dem Spritzgußmaterial der Karosse geschlossen. Diese Modelle wurden noch nicht speziell für den Sammler gebaut, obwohl der Berliner Hersteller diesen »Verbraucherzweig« schon durch seine Schiffsmodelle aus der Vorkriegszeit kannte.

Die ersten Kunststoffautos wurden als »Verkehrsmodelle« bezeichnet, wohl unter Anlehnung an die Unterrichtsmodelle, die von Wiking während des Krieges hergestellt worden waren. Diese neuen Modelle wurden zwar auch an Schulen zur Verkehrserziehung eingesetzt, in erster Linie aber von Modelleisenbahnern zur Ausschmückung ihrer Anlagen. Und so ganz nebenbei entwickelte sich die Sammelei ...

Die Firma Preiser in Rothenburg ob der Tauber startete 1949 mit handgeschnitzten Holzfiguren im H0-Maßstab, damals noch »00« genannt, und Faller in Gütenbach im Schwarzwald begann die Fertigung von Häusern für die Modellbahn. Beide Firmen sollten später auf dem Sektor der Modellautos im H0-Bereich noch Bedeutung gewinnen.

Fleischmann etablierte 1952 seine H0-Bahn und baute bald einen Autotransportwagen, bestückt mit Autos aus eigener Fertigung und spielzeughaft ausgestattet mit weißen Rädern. Märklin begann 1953 mit der Kunststoff-Serie der Nummer 860, die 1977 eingestellt wurde. Das erste Modell dieser Serie war der »Adenauer-Mercedes« 300.

Roskopf baute 1955 in Berlin zuerst Fuhrwerke im H0-Maßstab und dann Militärfahrzeuge der jungen Bundeswehr. Sieper/Siku begann 1955 mit der Produktion seiner Kunststoffmodelle im Maßstab von 1:60, die heute zusammen mit Wiking in der Sammlergunst ganz oben angesiedelt sind.

Matchbox startete 1953 die »1-75«-Reihe, die von der anfangs ab 1956 parallel gebauten 1:43-Serie »Models of Yesteryear« im Jahr 1969 abgelöst wurde. Schuco schuf ab 1957 seine Piccolo-Autoserie im alten 00-Maßstab 1:90, die dann bis 1969 ausgebaut wurde. Wiking lieferte ab 1958 verglaste Automodelle.

Faller startete 1963 sein a.m.s.-Auto-Spielsystem mit elektrisch angetriebenen Fahrzeugen im Maßstab um 1:80, auch als Ergänzung zu H0-Modellbahnen gedacht. Dieses System wurde sehr weit ausgebaut. Die Bezeichnung »a.m.s.« wurde von der populären Automobilzeitschrift »Auto Motor und Sport« übernommen und auch so von Faller voll ausgeschrieben verwendet. Zu diesem neuen Faller-System bauten auch andere Firmen Zubehörteile und Autos, so Noch in Wangen, Reinhard in Gunzenhausen (z. B. BMW 1800!), Wiad und Heras in Esslingen. Roco-Peetzy aus Österreich lieferte ab Mitte der sechziger Jahre Militärfahrzeuge. Die Salzburger Firma Roco entwickelte sich später zu einem der führenden Modellbahnhersteller.

Im Jahr 1976 startete der altbekannte Spielwarenproduzent Kibri, Kindler & Briel in Böblingen, seine LKW-Serie. Preiser folgte 1977 mit landwirtschaftlichen Geräten aller Art, nachdem man bereits seit 1963 Automobile des spanischen Herstellers Anguplast vertrieben hat. Herpa begann die PKW-Produktion im H0-Maßstab im Jahr 1978. Dieser Hersteller war vorher als Modellbahnausstatter bekannt. Das Jahr 1980 kann man als das Modellauto-Jahr überhaupt bezeichnen: Preiser baute erstmals eigene Kunststoffautos, Herpa begann die LKW-Produktion, und Albedo-Forkel verfeinerte sie mit Beschriftungsvarianten. Brekina startete ebenfalls in diesem Jahr seine Fertigung mit einem Opel P4, und Roco legte erstmals eine zivile Autoserie auf.

Wiking-Gründer Friedrich Peltzer starb im Jahr 1981 in Berlin. Roskopf begann 1982, längst im bayerischen Traunstein beheimatet, mit seiner zivilen Autoserie schöner Oldtimer.

Als Spezialist für japanische Marken stellte sich 1984 Rietze in Nürnberg vor. Diese Firma baute vorher Modellbahnanlagen. Wiking wurde im gleichen Jahr von der Firma Sieper/Siku übernommen, blieb aber in der Firmenpolitik selbständig. Herpas Ferrari Testarossa eröffnete 1986 die »High Tech-Linie« mit eingebautem Motor und beweglichen Hauben und Türen. Wiking erreichte 1988 durch den Grove-Autokran mit seinem 44 cm-Ausleger bisher ungeahnte Modellhöhen. Die Berliner Firma I.M.U., bisher für Automodelle im N-Maßstab bekannt, präsentierte das Goggomobil, den Messerschmitt-»Schneewittchensarg« und die Isetta im H0-Maßstab.

Die unselige Mauer wurde am 9. November 1989 endlich geöffnet, und die Sammler im Westen entdeckten, daß es im Osten außer Prefo noch viele andere Hersteller von H0-Autos gab, so auch Modelle im TT-Maßstab 1:120.

Das Jubiläum »500 Jahre Post« wurde 1990 zur Orgie gelber Automodelle, die zum Teil nur über die bundeseigene Firma Postreklame limitiert bezogen werden konnten, oft sogar nur zusammen mit einem Eisenbahnwagen, an den sie buchstäblich »geklammert« waren. Die Branche läßt kaum eine Umsatzchance aus ...

Zum Jahr der Neuorientierung bei Ostmarken wurde 1991. So gelangten die minicar-Formen – eine Firma, die einst direkt im Ost-Schatten der Mauer fertigte – zur Firma s.e.s.-Schmidt, bislang als Zubehörlieferant für Modellbahnen bekannt. Aus Prefo wurde Wilken-Spielwaren in Dresden. Die aus alten Formen mit neuen Werkstoffen gefertigten Modelle der vergangenen DDR-Zeit zeigen ein tadelloses Finish und müssen sich daher nicht vor den Angeboten der etablierten Westfirmen verstecken.

Wenn man nun im Jahr 1992 wieder berechtigt mit Firmenzuwachs rechnet, jedem Hersteller pro Jahr seines Bestehens auch nur fünf neue Modelle zurechnet – es sind im Schnitt weit mehr – so wird wohl jedem Sammler klar, daß eine umfassende Sammlung räumlich wie finanziell alle Rahmen sprengen kann. Wir haben uns daher vorwiegend nur mit den westdeutschen Herstellern befaßt.

Die überspitzte Modellauto-Technik schreitet immer weiter voran. Wer weiß, vielleicht werden gleichzeitig mit diesem Buch auch die ersten Modellautos im H0-Maßstab mit wirklich funktionierendem Schiebedach ausgeliefert.

Noch ein kurzer Blick zurück: Was gab es in der ehemaligen DDR?

ESPEWE (SPW = Spezialprägewerk Annaberg-Buchholz), seit 1961 Modellautohersteller, hatte wohl das breiteste Programm in der DDR, darunter auch Modelle anderen Ursprungs, so zum Beispiel von Herr/Berlin. Der Firmenname wechselte mehrfach durch Umbenennungen oder Verlagerung der Produktion in einen anderen »Volkseigenen Betrieb/VEB«. Bekannte Firmierungen waren »Plasticart«, später dann »minicar«. PERMOT (ehemals Hruska), später PREFO, gehörte ebenso zu den bekannten Herstellern, deren Basismodelle durch Vereine (DMV) oder Arbeitsgemeinschaften nach Art der Kleinserienhersteller abgewandelt wurden. Weitere ehemalige DDR-Modellmarken waren oder sind: ARI, Dahmer, Glitterberg, Haufe/Kamenz, IGES, Leipziger Modellbahnbau, MAB, Modell-Konstrukt und PGH-Plauen. Neben den üblichen Modellen aus »Plaste« gab es auch solche aus Zinkspritzguß. Modelle nach West-Vorbildern blieben auf wenige Typen beschränkt.

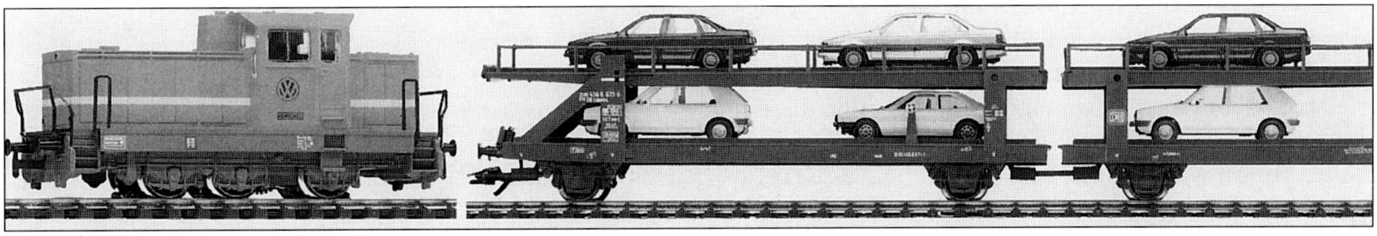

Wie finde ich mein Spezialgebiet und wo die Modelle

Was will ich eigentlich sammeln? Etwa Modellautos ganz allgemein und generell?
Das wird kaum möglich sein. Denn solche Modelle gibt es seit über 50 Jahren, und die Vielfalt der Palette ist beängstigend groß und wird täglich (wirklich!) noch größer. Also muß man sich wohl oder übel auf ein Segment dieses Sammelgebietes spezialisieren. Aber wie?
Da gibt es zunächst einige grobe Unterteilungen und dann feinere, bis hin zur wohl kleinsten, aber vielleicht nettesten Beschränkung: Man kauft sich nur die zeitgenössischen Modelle des eigenen Autos, jeweils so lange man dieses Auto auch fährt. Aber auch so kann eine umfangreiche Sammlung entstehen – wenn man zum Beispiel seinen fahrbaren Untersatz recht häufig wechselt ...
Doch beginnen wir mit der »gröberen« Unterteilung: Da ist einmal die heute schon »historische« Zeit der Automodelle. Dieser Abschnitt umfaßt beispielsweise die Vorkriegsproduktion der Metallgußautos von Bub/Nürnberg und Märklin/Göppingen. Dann die frühe Wiking-Produktion mit den »Drahtachsern«, den unverglasten Modellen. Oder die Siku-Modelle der 50er und 60er Jahre mit so schönen und seltenen Stücken wie Borgward-Hansa, Mercedes 180, Isetta und Messerschmitt-Kabinenroller. Dann natürlich die frühen, kleinen Metallmodelle von Matchbox oder die Plastik-Serie des Modellbahn-Riesen Märklin. Im »Zwischenbereich« liegen vielleicht die elektrisch betriebenen a.m.s.-Modelle von Faller und Konkurrenten. Und zu Beginn der achtziger Jahre beginnt die Marken- und Modellflut erst richtig. Hier ist der Sammler gezwungen, sehr bewußt zu differenzieren.
Man kann sich auf einen Hersteller konzentrieren oder auf Typengruppen festlegen, wie PKW oder LKW, Tankzüge oder Omnibusse, Militärfahrzeuge, Hilfsfahrzeuge wie Feuerwehr, Rotes Kreuz und THW oder auch Polizeiautos, Sport- und Rennwagen, Oldtimer, Cabriolets oder Coupés. Vielleicht sammelt man nicht mehr existierende Automarken wie Borgward oder Glas (Goggo). Vielleicht auch nur die großen, einst und heute bewunderten »Ami-Schlitten« der 50er Jahre oder alles vom »Guten Stern« oder der weiß-blauen Kokarde, die ursprünglich einen drehenden Flugzeugpropeller symbolisierte. Wie wäre es mit englischen Nobelmarken, soliden Alltagsautos aus Deutschland oder Frankreich, italienischen Sportwagen, stabilem Schwedenstahl? Oder eben die Marke oder gar nur den Typ Ihres eigenen fahrbaren Untersatzes?
Sie werden schon Ihr Lieblingsmotiv finden. Aber fassen Sie es eng! Sie sind gewarnt. Wenn erst einmal Ihre Frau oder gar die Bank Ihre Kaufwut bremst oder aus allen Schubläden und Schränken Modellautos quillen, ist das böse Erwachen nicht mehr weit. Und so weit soll es doch nicht kommen! Jetzt bleibt hier noch abzuhandeln, wo man eigentlich die »Objekte unserer Begierde« findet. Stücke, die längst aus dem aktuellen Programm der Hersteller verschwunden sind, findet man entweder auf Flohmärkten in Wühlkisten, auf Wohltätigkeitsbasaren (!), auf Modellautobörsen oder in speziali-

sierten Fachgeschäften. Weniger erfolgreich ist die Suche per Inserat in der Tageszeitung, da das Objekt nun einmal »verschwindend« klein ist und meist nicht aufbewahrt wird. Hat man aber mit einer Anzeige Erfolg, kann es auch gleich ein »goldener Fang« sein: eine Zigarrenkiste voll gesuchter Modelle, übriggeblieben von der einstigen Modellbahnanlage des Vaters. Dann herzlichen Glückwunsch!

Modelle können auf dem Flohmarkt meist günstig erstanden werden. Diese Funde sind aber meist ebenfalls auf Zufälle beschränkt, wenn man sich nicht mit Typen der jüngsten Produktion bescheiden will. Erfolgversprechender ist da schon der Besuch spezialisierter Fachhändler mit Ankauf älterer Modelle oder die Fahrt zu einer der heute überaus zahlreichen Modellbahn/Modellauto-Börsen. Die Anbieter sind allerdings in beiden Fällen Fachleute und kennen den Wert der Modelle meist recht genau. Und trotzdem sind gelegentliche »Schnäppchen« möglich – wenn man über die besseren Detailkenntnisse verfügt!

Wer seine Modellsammlung stets mit den neuesten Industrieproduktionen erweitern will, ist gut beraten, wenn er bei einem seriösen Fachhändler ein Abonnement für die Neuausgaben seiner Lieblingsmarke abschließt. So hat er meist die Gewißheit, auch keine kurzlebige oder limitierte Neuheit zu versäumen, während er sich am Strand unter Palmen mit Spezialliteratur weiterbildet ...

Zum erfolgreichen Aufbau einer größeren und nicht mehr zufälligen Sammlung gehört die detaillierte Information durch Fachliteratur, speziell abgestimmt auf ein kleineres Sammlungs-Segment und dann entsprechend differenziert. Solche speziellen Modellkataloge gibt es heute für fast alle sammlungsrelevanten Marken. Wichtig ist aber auch die Erkenntnis, daß nur der stete Umgang mit den Sammelstücken, – auch auf Börsen, – das eigene Gespür für Marken und Qualität stärken kann.

Herstellungsarten

Die hier besprochenen Automodelle sind in der überwiegenden Zahl aus Plastik-Spritzgußmaterial hergestellt. Andere Materialien sind Blech oder Metallspritzguß, aber auch Kombinationen wie Metall und Plastikspritzguß. Bei Vorkriegsmodellen aus Metallspritzguß, von Bub oder Märklin hergestellt, muß man leider mit »Zinkpest« rechnen. Damit bezeichnen Sammler eine Zerfallserscheinung, die mit Rissen und Aufblähungen beginnt und im Endstadium das Modell in zahlreiche Teile zerfallen läßt. Die Ursache dieser Selbstzerstörung ist noch nicht eindeutig geklärt. Angeblich zeitbedingt fehlende Zuschlagstoffe, wie Wismut, sind wohl doch nicht die alleinigen Auslöser. Denn auch (Eisenbahn-)Modelle der 60er Jahre (!) leiden unter diesem Phänomen. Große Temperaturschwankungen bei der Lagerung der Modelle oder »unreine« Mischungsansätze gelten ebenfalls als Verursacher. Interessant ist auch die Feststellung, daß Märklins Piccolo-Serie deutlich weniger befallen scheint als die größeren 1:43-Modelle aus der gleichen Fertigungszeit des Göppinger Herstellers.
Die Modellautos werden in Formen hergestellt. Diese Formen können aus Stahl, Aluminium, Kunststoff oder Silikon bestehen. Es liegt am gewählten Formenmaterial, wieviele Modelle aus einer Form gefertigt werden können, bevor diese so stark abgenutzt ist, daß kein ansehnliches Modell mehr entnommen werden kann. Metallformen haben heute Standzeiten von etwa 50.000 bei einer Aluminiumform und bis zu 200.000 Fertigteilen bei einer Stahlform. Stahlformen haben also allgemein die beste Standzeit und Silikonformen die kürzeste. Silikonformen eignen sich vornehmlich für Kleinserien-Modelle, die nach dem Guß noch einer aufwendigen Nachbearbeitung bedürfen. Silikonformen entstehen durch Abguß vom Urmodell, dem Prototyp des zu bauenden Serien-Modells.
Praktisch alle Großserien-Modelle werden in Spritzgußformen hergestellt. Dazu wird eine Form benötigt, die aus mindestens zwei Teilen besteht, die paßgenau zusammengepreßt werden. Der Hohlraum in der Form entspricht den Konturen des zu spritzenden Teils. In diesen Hohlraum wird durch eine Bohrung, dem Einspritzkanal, das flüssige Gußmaterial eingespritzt. Dieses Gußmaterial besteht meist aus Polystyrol-Kunststoff oder einer Zinklegierung. Nach dem Abkühlen wird das Gußteil ausgeworfen und weiterverarbeitet. Zur Beschleunigung des Arbeitsablaufes werden die Formen vor dem Spritzvorgang elektrisch beheizt und danach mit Wasserdurchlauf abgekühlt. Spezielle Formen erlauben das Einspritzen unterschiedlicher Materialien kurz hintereinander, ohne die Form jeweils zu öffnen. Das bedeutet zum Beispiel, daß in das noch in der Form befindliche Autogehäuse gleich die klaren Fenster eingespritzt werden können! So erspart man sich das spätere Einsetzen eines separaten Fenster-Spritzlings. Die Farbe des Modells wird im Regelfall bereits beim Kunststoff-Granulat festgelegt und ein späteres Farbspritzen entfällt somit.
Im Formenbau liegt der Schlüssel zur Qualität eines Modells. Nur sehr glatte Innenwände ergeben glatte Oberflächen des Spritzteils, und nur wirklich

paßgenaue Formentrennstellen vermeiden weitestgehend störende Gußgrate am Modell. Im klassischen Werkzeugbau wird die Form durch Ausfräsen hergestellt. Dieses Verfahren ist sehr zeitaufwendig und somit teuer. Bis zur endgültigen Fertigstellung der Form müssen mehrmals Probespritzungen vorgenommen werden, um Modellmängel zu erkennen und diese anschließend korrigieren zu können. Manchmal geht das leider aber auch ganz daneben, so daß man von vorne beginnen muß ... Der moderne Metallformenbau bedient sich heute der Funkenerosion. Das Prinzip: Ein elektrischer Funke trägt Material ab. Hierzu wird ein Urmodell aus Kupfer über eine Stahlplatte gespannt, die später eine Formenhälfte werden soll. Diese Stahlplatte wird an das elektrische Pluskabel angeschlossen und das Kupfermodell an den Minuspol. Die so entstehenden Funken tragen Material von der Stahlplatte ab und das Urmodell »frißt« sich so förmlich in die Stahlplatte hinein. Der ganze Vorgang spielt sich in einer isolierenden Flüssigkeit ab, wobei diese auch kühlt und über eine Strömung das staubförmig abgetragene Material wegspült. Die so entstandenen Formenteile müssen dann innen nur noch geglättet werden.

Die Hersteller und ihre Marken

Albedo-Forkel GmbH, Heilsbronn
Startete 1980 mit neuer aufwendiger Dekorausstattung auf Herpa-LKW. Es folgten eigene moderne LKW, auch Lastwagen-Oldtimer und dann ab 1992 auch PKW, Start mit einem VW-Käfer.

Brekina Modellspielwaren GmbH, Umkirch
Gegründet 1979, Start 1980 mit Opel P4. Der Firmenname Brekina setzt sich zusammen aus: BREisgau (Geschäftssitz), KInzigtal (Herstellung) und NAturgetreu, dem Modellanspruch. So erklärt es die Firma Brekina. Allerdings entspricht diese Buchstabenkombination auch »zufällig« den Namen der Firmengründer: BReitenbach, KIeßling und NAnn.
Heute werden auch LKW gefertigt. Bierwagen aller Art bilden den Schwerpunkt.

Herpa, Fritz Wagener GmbH, Dietenhofen
Hersteller von Eisenbahn-Zubehör seit den 50er Jahren. Begann 1978 mit eigenen Modellautos. Mit der High-Tech-Linie wurden 1986 neue Maßstäbe gesetzt. Begonnen wurde mit modernen deutschen PKW. Dann folgten LKW und Einsatzfahrzeuge. Besondere Zweige bilden die PC-Modelle in eigenen kleinen »Vitrinen« und die Renntourenwagen der Deutschen Tourenwagen-Meisterschaft (DTM) mit jährlicher Aktualisierung.

I.M.U. Modellauto, Berlin
Gegründet 1987, zunächst Modellautos im N-Maßstab. Dann ab 1989 auch H0-Modelle und »Replika-Modell«-Serie. Isetta mit Tür zum Öffnen wurde bis Frühjahr 1992 bereits in 250.000 Exemplaren verkauft.

Kibri-Spielwarenfabrik GmbH, Böblingen
Die 1895 gegründeten Spielwarenfabrik Kindler & Briel (Kibri) gehört zu den großen und traditionsreichen Spielwarenherstellern. Modellautos im H0-Maßstab werden seit 1976 gefertigt. Schwerlastwagen, Baufahrzeuge und Einsatzfahrzeuge der Feuerwehr und des THW bilden den Schwerpunkt.

Gebr. Märklin & Cie GmbH, Göppingen
Der Modellbahn-Marktführer Märklin nennt selbst als Gründungsjahr 1859, und zwar durch Theodor Friedrich Märklin. Andere Quellen (»Märklin. Technisches Spielzeug im Wandel der Zeit«, Band 12) belegen einen wenigstens drei Jahre früheren Termin mit zeitgenössischen Zeitungsanzeigen Märklins.
Schon 1935 begann Märklin die Herstellung von Metallguß-Automobilen im angenäherten Spur 0-Maßstab um 1:45 mit der 5500-Serie, deren Nachkriegs-Fortsetzung dann Serie 8000 genannt wurde. Uns interessieren hier besonders die »Pico«-Autos von 1940 im ungefähren Maßstab 1:75. Gefertigt wurden bis 1941/42 ein »KdF«-Wagen/VW-Käfer (Nr. 5519/9) in vier

Farben und ein Mercedes-Formelrennwagen (Nr. 5519/61) in drei Farben. Nach dem Krieg wurde diese Linie nicht mehr fortgesetzt.
Die Plastik-Serie 860 wurde 1953 mit dem Mercedes 300 (»Adenauer-Mercedes«) gestartet und umfaßt acht Grundmodelle, sortiert in diversen Farben, und endete 1977 mit dem verbliebenen Ford Taunus 20M. In der Zeit danach bestückte Märklin Eisenbahnwagen mit Fremdfabrikaten als Ladegut.
Überraschend begann man 1988 wieder mit der Eigenfertigung von H0-Straßenfahrzeugen, zunächst mit forst- oder landwirtschaftlichem Gerät als Ladegut in Metallbauweise, dann gemischt mit Kunststoffteilen. Diese Linie wird derzeit konsequent ausgebaut, teilweise auch mit besonderen Vertriebslinien, etwa Postmuseum oder Postreklame beim Jubiläum »500 Jahre Post«, dem Märklin-Museum in Göppingen oder der MHI-Händlerorganisation.

Praliné, Modell International Duve GmbH, St. Georgen
Gegründet 1974 als Handelsfirma, dann ab 1981 Hersteller (Praliné). Vertrieb zeitweise auch durch die Firmen Vollmer oder Revell. Es werden PKW und LKW gefertigt, sowohl moderne Fahrzeuge als auch Oldtimer.

Preiser, Kleinkunst-Werkstätten Paul M. Preiser, Rothenburg o. d. T.
Start 1949 mit Holzfiguren für die Eisenbahn, später Holzautos. Erste Kunststoff-Modellautos aus eigener Produktion 1980. Vorher Vertrieb fremder Produkte in diesem Bereich. Man begann mit Bausätzen von LKW oder Einsatzfahrzeugen und liefert seit 1990 auch Fertigmodelle.

Rietze Automodelle GmbH, Nürnberg
Gegründet 1978 zunächst als Modellbaufirma. Autos im H0-Maßstab ab Herbst 1983, damals speziell japanische Marken. Omnibusse sind heute ein Rietze-Spezialgebiet.

Roco Modellspielwaren GmbH, Salzburg
Einstieg in die Modellauto-Produktion Mitte der 60er Jahre mit Militärfahrzeugen unter dem Namen »Peetzy-Roco«, heute »Roco Minitank«. 1980 folgte die Einführung der zivilen Serie »Roco Miniatur-Modell«, anfangs auf der Basis von Minitank-Modellen. Schwerpunkt: Einsatzfahrzeuge, LKW und Busse, später auch Oldtimer-LKW.
Roco gehört heute zu den international führenden Modellbahn-Herstellern.

Roskopf Miniaturmodelle GmbH, Traunstein
In Berlin 1955 gegründet. Zunächst Fuhrwerke im H0-Maßstab, dann Bundeswehrfahrzeuge. Später Umzug nach Traunreut, heute Traunstein. Zivile H0-Autos wurden 1982 gestartet. Bei Roskopf findet man auch französische und Schweizer LKW oder Feuerwehren. Die Firma Roskopf wurde 1991 nach dem Tod des Gründers an die Firma Sieper (Siku) verkauft.

Siku, Sieper Werke GmbH, Lüdenscheid
Die Sieper-Werke wurden 1921 als Metallwarenfabrik gegründet. Die Kunststoff-Spielzeugfertigung begann 1950 unter anderem mit Indianerfiguren und einfachen Autos. Die heute gesuchte »Plastik-Autoserie« (= Sammlerbezeichnung) im Maßstab 1:60 wurde 1955 mit dem »Adenauer«-Merce-

des 300 unter der Werksnummer »V1« gestartet. Und dieses verglaste Auto hatte bereits (1955!) einen freistehenden Stern! Das Startprogramm mit über 30 Modellen wurde rasch ausgebaut mit Verkehrszeichen, Fußgängern und Radfahrern, Fuhrwerken und landwirtschaftlichen Geräten, Gebäuden aller Art und Stadtplänen für den Aufbau. Ab 1959 kam eine Serie von Flugzeugen und Flughafengebäuden im Maßstab 1:250 hinzu und wurde bis 1965 gebaut. Ab 1963 ersetzten Metallspritzguß-Autos nach und nach die Plastik-Serie, die dann 1968 auslief. Diese Metall-Autos stehen heute in der Sammlergunst deutlich hinter ihren Plastik-Vorgängern. Ab 1973 wurde die Metall-Serie von neuen Autos in Maßstab 1:55 abgelöst, die bis heute gebaut werden und ein wirklich umfassendes Programm darstellen.
Die »Plastik-Serie« bietet eine einmalige zeitgenössische Fülle. Darunter die in diesem Buch bereits genannten Typen, aber auch einen Goggo mit Rolldach (!), den Zündapp Janus, Lloyd LP 400, Goliath PKW und Dreirad, Isetta 600 (!), viele Borgward-PKW, bis hin zum 2400, Fiat 600 oder NSU Prinz.
Die Firma Sieper übernahm jeweils nach dem Tod der Inhaber durch Kauf 1984 Wiking/Berlin und 1991 Roskopf/Traunstein, ehemals in Berlin beheimatet. Auch nach der Übernahme blieben beide Firmen in ihrer Modellpolitik selbständig. Die Sieper-Gruppe ist mit Siku, Wiking und Roskopf heute wohl weltweit der größte Modellauto-Anbieter überhaupt.

Wiking-Modellbau GmbH, Berlin
Die Firma Wiking-Modellbau wurde von Friedrich Peltzer 1932 in Berlin gegründet. Die junge Firma fertigte Schiffsmodelle im Maßstab 1:1250. Später kamen Wehrmachtsfahrzeuge und Flugzeugmodelle im Maßstab 1:200 hinzu. Schon damals befaßte man sich mit Kunststoffen, noch als »Ersatzstoffe« bezeichnet, und fertigte aus diesem neuen Werkstoff auch Flugzeugmodelle. Am Ende des Zweiten Weltkrieges wurde die Firma Wiking von Fliegerbomben schwer getroffen. Erst jetzt kam die Produktion zum Stillstand, denn die Mehrzahl der damaligen Wiking-Produkte war nicht in die Spielzeuggeschäfte gekommen. So wurden zum Beispiel die Militärfahrzeuge von politischen und militärischen Organisationen für Planspiele benutzt, und die Flugzeuge dienten ebenso in Lehrgängen zur Erkennung am Modell.
Nach Kriegsende fertigte die Firma Wiking aufgrund ihrer guten Erfahrung mit Kunststoffen zunächst aus diesem Material so »praktische« Alltagsdinge wie Knöpfe und Kämme. Aber schon 1948, im Jahr der Währungsreform, wurden erstmalig Automodelle im Maßstab 1:100 hergestellt. Der Siegeszug des Marktführers auf dem Modellauto-Sektor begann. Später ging man zum damaligen Maßstab der 00-Bahnen mit 1:90, dann mit 1:87 zum international gültigen H0-Maßstab über. Verglaste Modelle wurden ab 1957/58 hergestellt.
Im Jahr 1981 starb Gründer Friedrich Peltzer. Die Firma Sieper (Siku), früher Wiking-Konkurrent, übernahm 1984 das Berliner Unternehmen und setzte die Produktionslinie unverändert fort. Ein neues Werk wurde 1986 in Berlin errichtet.

Werbemodelle, Nachgüsse und andere Probleme

Kein Sammelgebiet ist frei von Problem- oder Grenzfällen, so auch nicht der Modellauto-Sektor. Hier sind es vor allem die Flut der sogenannten »Werbemodelle« und der Nachbau älterer Sammlerstücke durch Bastler oder Fremdfirmen, dann die Wiederauflage längst ausgelaufener Typen oder die Veränderung eines Modells durch Umbau – und neuerdings die »Edition streng limitierter Sonderserien«.

Werbemodelle gibt es schon seit den frühen 50er Jahren, gleich nach dem Start der so erfolgreichen Wiking-Nachkriegsproduktion. Damals waren es wirkliche Werbemodelle, aus der Serie herausgehoben durch Sonderaufbauten oder auch nur eine Firmenaufschrift. Diese Sondermodelle wurden dann im Auftrag eines Markenartikelherstellers oder Spediteurs hergestellt und nur durch diesen kostenlos an seine Kunden verteilt. Ein echter Werbeartikel also. Später wurden mit Genehmigung des Erstkunden – und ihm konnte das eigentlich nur recht sein – beim Hersteller über die Erstbestellung hinaus wesentlich mehr Sondermodelle gefertigt und dann über den Spielwarenhandel verkauft.

Heute sieht die Sache meist ganz anders aus: »Clevere« Einzelhändler besorgen sich die Genehmigung zur Verwendung eines Markenzeichens oder des Namens einer Spedition, die meist auch gern – eben wieder aus Werbegründen – gegeben wird. Dann bestellen diese Händler bei einem Modellautohersteller eine bestimmte Menge eines Typs »nackt« ohne Aufschrift. Dieses Auto wird dann schon in der Fabrik mit dem ausgewählten Firmenlogo bedruckt oder auch in eigener Regie außerhalb des Herstellerwerkes in Lohnarbeit bei einem Druckereibetrieb mit geeigneter Tampon-Druckmaschine. Die so entstandenen »Werbemodelle« werden nun von dem auftraggebenden Einzelhändler »exclusiv« verkauft, und das meist gar mit einem saftigen Aufpreis gegenüber dem Urmodell oder einem vergleichbaren Serienstück mit etwa gleichem Druckaufwand. Diese so entstandenen neuen Modelle sind also keine Werbemodelle im ursprünglichen Sinn!

Ähnliches spielte sich vor Jahren im großen Stil auf dem Sektor der H0-Modellbahnen ab, vor allem mit Kühlwagen. Der Wert der auf diese Art hergestellten Eisenbahnwagen nähert sich heute den Herstellkosten …

Private Nachgüsse gibt es eigentlich schon seit den 70er Jahren, dem Start des Sammelns von Modellautos auf breiterer Ebene. Die Horch-Limousine von Wiking war damals ein oft kopiertes Modell. Neu ist jedoch, daß Firmen längst ausgelaufene Modelle eines anderen Herstellers aus eigenen, neuen Formen neu auflegen. Wenn auch diese neuen Modelle alter Originale nicht mit dem ursprünglichen Firmenzeichen gekennzeichnet sind, so besteht doch Verwechslungsgefahr, besonders beim noch unerfahrenen Sammler. Wie auch hier die Erfahrung der Eisenbahn-Sammler lehrt, gewinnen Nachbauten nur höchst selten an Wert. Wiederauflagen eines Herstellers vom eigenen, ausgelaufenen Modell sind fast immer deutlich vom Original zu unterscheiden. Einmal bringt die Revision der alten Form kleine, aber sichtbare Detailveränderungen, außerdem unterscheiden sich die Farben, gewollt oder

ungewollt, vom Urmodell. Eine Wiederauflage tangiert allerdings fast immer den Preis des Originals, wenn vielleicht auch nur für kurze Zeit.
Umbauten werden oft als »seltene Variante« ausgegeben, ohne dies wirklich zu sein. Diese Modelle entstehen oft ohne preistreibende Absicht aus dem Wunsch eines Bastlers heraus, einen vom Hersteller nicht erhältlichen Typ zu schaffen. So werden oftmals Fahrgestelle, Fahrerkabinen und Ladeflächen verschiedener Lastkraftwagen gemischt und ein neuer Typ ist entstanden. Kommt dieser Umbau nun vielleicht via Modellbörse unter die Leute, kann das schändliche Spiel mit dem so »seltenen Prototyp« beginnen …
Ein seltsames Spiel mit dem Sammler treiben aber auch die Hersteller selbst. Zu jeder sich bietenden Gelegenheit, zu jedem Firmen- oder Stadt-Jubiläum werden »limitierte Sonderserien« aufgelegt. Diese Modelle gehen aus Serien-Typen hervor und werden nur zum Jubiläum passend bedruckt und meist einmalig in mehr oder weniger großer Auflage in den Handel gebracht. Man spekuliert auf zusätzliche Verkäufe, und meist geht diese Rechnung für Hersteller und Händler auf. Denn, wie Händler berichten, viele Sammler können die Auslieferung solcher Sonderserien kaum erwarten und fragen fast täglich, ob diese schon eingetroffen sind. Also sind sie doch willkommen! Ob man als Sammler diese Sonder-Editionen wirklich »braucht«, ist eine ganz andere Frage.
Die Frage, ob man auch noch alle Farbunterschiede der einzelnen Serienmodelle sammeln soll, erübrigt sich meist. Ganz selten bewertet der Preis eine besondere Farbe – wenn dies auch im Börsengeschäft immer wieder versucht wird.
Die Beurteilung der genannten Probleme stellt die Meinung der Autoren und die erfahrener Sammler dar. Natürlich kann jeder genau das sammeln, was er möchte … Also bitte, nur kein Zwang!

Museen und weiterführende Literatur

Unsere kleinen H0-Autos spielen in Museen noch keine »raumfüllende« Rolle, wenn sie auch hier und dort in kleinen Vitrinen dauerparken. Man findet sie im Märklin-Museum in Göppingen ebenso wie in Automobilmuseen, die gerne ihre Lücken im Originalbestand mit Modellen ausgleichen. Allerdings wird hier meist der größere (Spur 0-)Maßstab 1:43 bevorzugt.
Neben zahlreichen Modellzeitschriften bietet der Fachhandel dem spezialisierten Sammler eine ganze Palette von Büchern und Broschüren mit Preisangaben. In diesen Spezialkatalogen wird die Fertigung eines bestimmten Herstellers von Anfang an aufgelistet und mit Sammlerpreisen bewertet.

Fotonachweis und Dank an Mitarbeiter

Für die Fachberatung danken wir den Herren
Klaus Rathmann, Hanau
Lars Uenver, Frankfurt,

ganz besonderer Dank gebührt für seine umfangreiche Mitarbeit
Herrn Marcus Baltes, Frankfurt.

Mit Modellen oder Fotos unterstützten uns die Herren

Matthias Debes, Heusenstamm (175 Fotos)
Dieter Schirg, Frankfurt (Titelfotos)

sowie
Gebr. Märklin & Cie, Göppingen
Kibri Spielwarenfabrik GmbH, Böblingen
Verlag Joachim Koll, Bad Homburg
Praliné, Modell International Duve GmbH, St. Georgen
Roco-Modellspielwaren, Freilassing
und alle anderen Modellauto-Hersteller.

Preisentwicklung

Der Marktführer Wiking stellt auch die Preis-Spitzenreiter. An dieser Feststellung wird sich in absehbarer Zukunft wohl auch nichts ändern. Waren lange Zeit die frühen unverglasten Wiking-Modelle im steten Aufwind zu Spitzenpositionen, so haben doch längst die späteren verglasten Modelle aufgeholt, und hier sind heute zunehmend die Spitzenpreise zu finden.
Das hat etwas mit dem »eigenen Erleben« zu tun: Mit diesen frühen, fast perfekten Modellen aus Berlin haben viele heute gut verdienende Sammler der Altersgruppe zwischen 30 und 40 Jahren selbst gespielt und diese Autos wollen sie jetzt als Väter in Erinnerung an ihre eigene Jugend zurück haben. Oft »um jeden Preis«. Deutliche Preissteigerungen sind hier noch zu erwarten. Diese Aussage gilt auch für die Plastik-Modellserie des Modellbahn-Marktführers Märklin. Diese Modelle werden noch einen zusätzlichen Preisauftrieb erfahren: Sie sind »Vorläufer« der nun wieder aufgenommenen H0-Serie des Göppinger Herstellers und werden von Einsteigern »nachgekauft«.
Die frühen Metallmodelle von Matchbox (= »Streichholzschachtel«/Verpackung der Modelle) werden ebenfalls teuer bezahlt, denn sie treffen gar auf zwei Interessenten-Gruppen: einmal die H0/1:87-Sammler, da der Matchbox-Maßstab dieser Zeit in der Nähe liegt (1:70/100), und dann werden diese Stücke auch von den Sammlern der heutigen Matchbox-Yesteryear-Serie gesucht, die eigentlich dem größeren Maßstab 1:43 huldigen. Genau dies trifft auch auf die Schuco-Metallmodelle der Piccolo-Serie (1:90) zu, deren nächste Verwandte, die 1:66-Serie (ab 1969 gebaut), deutlich billiger angeboten wird. Die Piccolo-Modelle werden sowohl von H0-Autosammlern als auch von den generellen Schuco-Liebhabern gesucht.
Siku-Modelle der 50er und 60er Jahre sind zwar deutlich größer, repräsentieren jedoch genau diese Zeit (einschließlich der 50er Jahre), mit Borgward, 180er Diesel, Isetta und Messerschmitt-Kabinenroller – alles gut dotierte Klassiker mit ganz eigenem (Siku-)Charme und noch deutlicher steigendem Marktwert.
Die wenigen Vorkriegsmodelle von Bub/Nürnberg und Märklin sind in Metallguß ausgeführt und somit »Zinkpest«-gefährdet, wenn auch deutlich geringer als die größeren 1:43-Modelle des Göppinger Herstellers. Preislich sind diese Vorkriegsmodelle auf einem eigentlich recht niedrigem Niveau seit Jahren stabil – und die Bub-Modelle sind dabei sogar gegenüber den Märklin-Autos deutlich unterbewertet, denn sie werden oft nicht als echte Klassiker erkannt. Hier spielt auch der in allen Spielzeugsparten bekannte »Märklin-Bonus« eine Rolle.
Aussagen zu den ab etwa 1980 neu am Markt erschienenen Marken zu machen, ist recht problematisch. Hier und da erreicht ein Modell fast aller Marken bereits einen relevanten Marktwert, doch ist einfach noch »zu viel Material unterwegs«, um schon Aussagen oder Prognosen zu wagen. Eine zweite, »blind zu buchende« Wertsteigerungs-Marke, wie Wiking, ist unter den neuen Anbietern nicht zu erkennen. Eine Ausnahme können hier die

DTM-Renntourenwagen von Herpa bilden, da hier auch Motorsportfreunde »einsteigen« und komplette Jahrgänge sammeln.
Vielleicht noch ein Phänomen: Die bisher oft unbeachteten »Margarine«-Autos, echte Werbebeigaben aus den 50er Jahren, entwickelten sich binnen weniger Jahre vom beiläufigen Pfennigartikel auf den Börsen zum eigenständigen Sammelgebiet mit Spezialkatalog und optimistischer Preis-Prognose. Was im Jahr 1990 noch vielleicht eine Mark kostete, wird heute schon im Einzelfall mit etwa zehn Mark bezahlt.
Man sieht, Überraschungen sind möglich, so sicher auch bei den heute in riesigen Stückzahlen von fast unzähligen Anbietern gefertigten Allerwelts-Autos. Das können zum Beispiel besonders »häßliche«, optisch nicht so sehr gelungene Vorbilder wie auch Modelle sein, oder vorher unbeachtete Nebenlinien. Daß Feuerwehr-Fahrzeuge serienmäßig eine gewisse Wertsteigerung »eingebaut« haben, ist ebenso bekannt wie die effektive Seltenheit von Kommunalfahrzeugen, etwa Müllautos oder solche der Straßenreinigung. Die aufregend roten Feuerwehrautos finden viele Liebhaber, auch außerhalb der 1:87-Sammlergemeinde und werden so knapp und damit teuer. Und die Müllautos sind wenig attraktiv, werden auch weniger gekauft, und somit ist ihre Serie kleiner, damit werden sie jedoch irgendwann selten und dann natürlich teurer …
Es lohnt sich also, die jährliche Neuheitenflut auch einmal nach solchen Gesichtspunkten zu durchforsten und eigene »spekulative« Schlüsse zu ziehen. Insgesamt wird dieses Sammelgebiet in den nächsten Jahren von großem Zuwachs geprägt sein: einmal wachsen laufend neue Sammlerjahrgänge nach, und dann haben die Sammlerkollegen in den neuen Bundesländern auch noch einen enormen Nachholbedarf.

Zum Katalogteil und seinen Preisen

Nach reiflicher Überlegung wird im Katalogteil für jedes Modell nur ein Preis genannt. Dieser gilt für das mängelfreie Modell im Originalzustand. Die Autoren gehen dabei von folgenden Überlegungen aus: Von fast allen Nachkriegsmodellen sind noch unbespielte Autos am Markt zu finden. Anders als beispielsweise bei den durchschnittlich viel teureren Blech-Eisenbahnen, ist der Preis eines (fast) fabrikneuen Automodells noch in erreichbarer Höhe angesiedelt. Die Abschläge für ein beispielsweise durch Kleben repariertes Modell sind daher von einer kaum bemerkenswerten finanziellen Größe und der Sammler kann somit zum Stück im Topzustand greifen. Denn ein sichtbar repariertes oder beschädigtes Stück wird ihn auf Dauer nicht zufriedenstellen und nach seinem Gefühl immer ein Schwachpunkt in seiner sonst doch so strahlenden Sammlung sein.
Abweichungen von diesem Maximalprinzip kann und wird es natürlich irgendwann geben, so zum Beispiel beim ganz frühen Wiking-Modell, dessen Räder noch Klebstoffspuren tragen, weil das Auto einmal auf einer Eisenbahnanlage festgeklebt wurde. Das war so üblich. Wenn man solche wirklich »uralte« Stücke ganz deutlich unter dem Marktpreis erwerben kann, läßt es sich leicht warten, bis man ein passendes Wrack mit unverklebten Rädern zum Austausch dieser Teile gefunden hat. Auch der fehlende Stern eines sonst prächtigen Siku-Mercedes 180 ist bei deutlichem Abschlag (!) kein ernstes Problem. Eine ausgebrochene Fensterstrebe hingegen sollte nicht toleriert werden – auch bei halbem Sammlerpreis nicht! Denn wie schwerwiegend ein kleiner Schaden am Modell wirklich ist, erfährt der Sammler erst beim möglichen Tausch oder Verkauf seines »leicht beschädigten Stückes«. Er wird sich wundern, wie schlecht sein Modell dann in den Augen seines Tauschpartners dasteht! Bei Vorkriegsmodellen gelten hingegen weniger strenge Kriterien, etwa bezüglich der Lackierung. Hier ist die Materialproblematik der Entstehungszeit zu berücksichtigen. Modelle mit erkennbarer Zinkpest sollte man jedoch besser nicht erwerben. Der Zerfall ist praktisch unausweichlich.
Auf die Bewertung einer möglichen Originalverpackung wurde bewußt verzichtet. Die Sammler wollen sich an ihrem Auto erfreuen und nicht an Verpackungsgrafik.
Die genannten Preise wurden im Frühjahr 1992 ermittelt, notiert auf Börsen, bei Auktionen oder im Fachgeschäft.

Modellautos in Farbe

F 1 Messing-Handmuster der H0-Autos von Märklin mit unterschiedlichen Farbproben, ca. 1952/53.

F 2 Der LKW-Anhänger ging nicht in Serie. Die später gelieferten Modelle sind auf den Seiten 42/43 abgebildet.

Die Messing-Modelle befinden sich im Märklin-Werksarchiv. (Foto: Märklin)

F 1

F 2

F 3

F 4

F 3 Messing-Handmuster
der H0-Autos von Märklin mit unterschiedlichen Farbproben,
ca. 1952/53.

Der Omnibus-Anhänger ging nicht in Serie. Omnibus siehe Seite 42 und 43.

F 4 – oben: Lanz-Bulldog
der 1:45 Märklin-Serie, Nr. = 8002

F 4 – unten: geplantes H0-Modell
ging nicht in Serie.
(Foto: Märklin)

F 5 Landrover
Wiking, Nr. 100,
ab 1962. neuere Varianten DM 4,--
ältere Varianten DM 28,--

F 6 Mercedes 1619
LF 16. Wiking, Nr. 616,
ab 1985. Neupreis DM 13,--

F 7 Unimog U 1700
mit Teerkochanhänger. Wiking,
Nr. 405,
ab 1990. Neupreis DM 13,--

F 5

F 6

F 7

F 8 Crash-Test Passat
Werbemodell für VW.
Wiking Basis-Nr. 042,
1991. DM 20,--

F 9 VW Golf II
»Ökogolf«. Werbemodell für VW.
Wiking Basis-Nr. 44,
1991. DM 20,--

F 10 BMW 520i
Österreichische Polizei. Sondermodell für Österreich. Wiking Basis-Nr. 193,
ab 1992. DM 20,--

F 8

F 9

F 10

F 11

F 12

F 11 MAN F 90
Wechselpritschen-Lastzug. »Riedel de Haen«. Wiking Nr. 570, ab 1992. Neupreis DM 29,--

F 12 Mercedes 1619 S
Koffer-Sattelzug. »Porta« Wiking Nr. 544, 1992. Neupreis DM 19,--

F 13 Peterbilt-Abschleppwagen
Wiking Nr. 681, ab 1991. Neupreis DM 13,--

F 13

F 14

F15

F16

F 14 Mack US-Truck »Foreway«
Herpa/Promotex (Canada),
1992. DM 30,--

F 15 Mercedes SK
Planenauflieger.
SIXT Nr. 140669,
ab 1992. DM 26,--

F 16 BMW 325i
Limousine und Coupe. Sondermodelle für BMW. Metallic in »Private Collection Box«. Herpa,
1992. DM 60,--

F 17 MAN 5t LKW mit Hänger
»Ernst Schmidt Spediteur«. Roskopf, 1990 DM 25,--

F 18 Büssing BS 16
Hängerzug. »Becker Bier«. Sondermodell. Roskopf, 1991. DM 30,--

F 19 Krupp Mustang
Bierpritsche »Union-Bier« mit Hänger. Brekina.
Modell nur über Verlosung zu erhalten.
1989. DM 125,--

F 17

F 18

F 19

F 20

F 20 Saurer Komet-Bus
Österreich. Roco Nr. 1600. DM 20,--

F 21 Barkas B 1000
Rettungswagen »SMH«.
s.e.s.-minicars.
Nr. 14101323 DM 9,50

F 22 Skoda Octavia Kombi
s.e.s.-minicars. DM 6,50

F 23 Trabant 601
Deutsche Reichsbahn.
s.e.s.-minicars.
Nr. 130000 16. DM 5,50

F 24 Volvo Eurotrotter
Koffersattelzug »Toblerone«. Albedo
Nr. 301001, ab 1991. DM 29,--

F 21 F 22 F 23

F 24

1 2

Pennytoys, Blech

1 Omnibus
Französische Produktion, Ende der zwanziger Jahre. DM 120,--

2 Sanitätsauto
mit Fahrer, Nürnberg, um 1914. DM 180,--

3 Lastwagen
Georg Kellermann, Nürnberg. Ende der zwanziger Jahre. DM 240,--

4 Feuerwehr
Georg Fischer, Nürnberg, um 1925. DM 220,--

3 4

5 6

7

8

Erzgebirge-Miniaturen
Aus Holz, zwanziger Jahre:

5 Omnibus DM 250,--

6 »Kommißbrot« Hanomag
Offener Zweisitzer. DM 220,--

7 Erzgebirge-Miniaturen
Aus Holz, DDR-Produktion, einfache Ausführung,
achtziger Jahre.
DM 5,-- bis DM 10,--

8 Zinkspritzguß-Auto
Karl Bub, Nürnberg,
Ende der dreißiger Jahre.
Zinkpestfrei, Originallack.
DM 140,--

9 . . . die Schattenseite:
Zinkpest-Ausbruch, »Restmodell«,
ohne Wert,
Totalzerfall nicht zu stoppen.

9

10

11

12

Zinkspritzguß-Autos
von Märklin, Maßstab 1:73.
1940 geliefert:

10 Pico-KdF-Wagen
Länge 5,5 cm. Katalog-Nr. 5519/9.
Farben: grau, grün, rot, blau.
Zinkbruchfrei, Originalfarben.
je DM 150,--

11 Pico-Mercedes-Rennwagen
Länge 5,5 cm. Katalog-Nr. 5519/61.
Farben: silber, rot, blau.
Zinkbruchfrei, Originalfarben.
je DM 120,--

12 Feuerwehr
Dodge. Wiking, T61,
1948 – 1953. bis DM 1000,--

13 Horch-Limousine
Wiking, T3,
1948 – 1949.
(neuwertig) bis DM 1300,--

14 Sportzweisitzer
Wiking, T2,
1948 – 1952. bis DM 300,--*
* = Preisunterschiede nach Baujahr, Farben oder Details.

15 Fiat-LKW mit Plane
Wiking, TV 46,
nur 1950 gebaut. bis DM 170,--

16 Mercedes-Diesel LKW
Wiking, T4,
1948 – 1951. bis DM 350,--

13 14

15 16

17 18

19 20

21

17 Ford 3500 LKW
Mit hohem Kofferaufbau.
Wiking, T54,
nur 1954 gebaut. bis DM 150,--

18 Amerikanische Limousine
Wiking, T7,
1949 – 1953. bis DM 220,--

19 Schrägheck-Limousine
Mit spitzer Haube. Wiking, T4,
1950 – 1953. bis DM 100,--

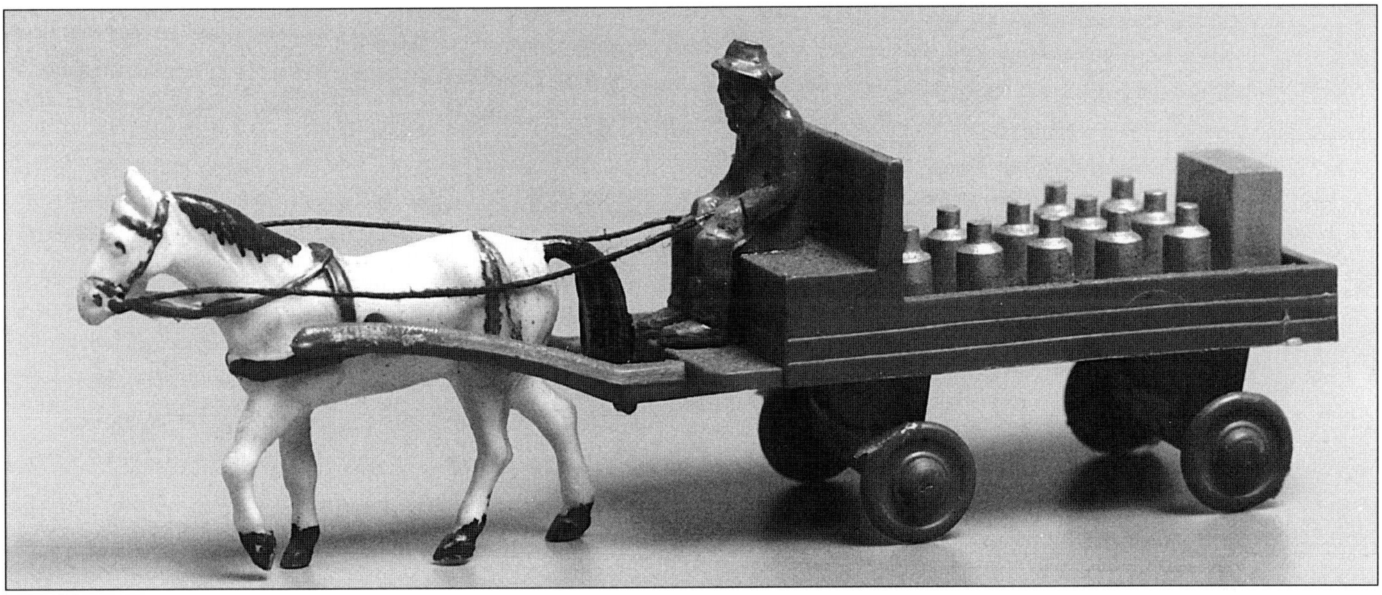

22

20 Sportviersitzer
Wiking, T3,
1949 – 1953. DM 110,--

21 Ford 3500 – Getränkewagen
Coca-Cola. Wiking, T56,
1955 – 1960. bis DM 130,--

22 Fuhrwerk
Siku, V429, Plastik,
um 1958. DM 60,--

Alle Siku-Fahrzeuge dieser Serie sind im Maßstab 1:55/1:60 ausgeführt.

23 BMW-Isetta
Modell 1957. Siku, V 51, Plastik.

24 Unterboden der Siku-Isetta mit Beschriftung.
In verschiedenen Ausführungen und Farben von 1957 – 1963 geliefert.
je DM 100,--

23

24

25

26

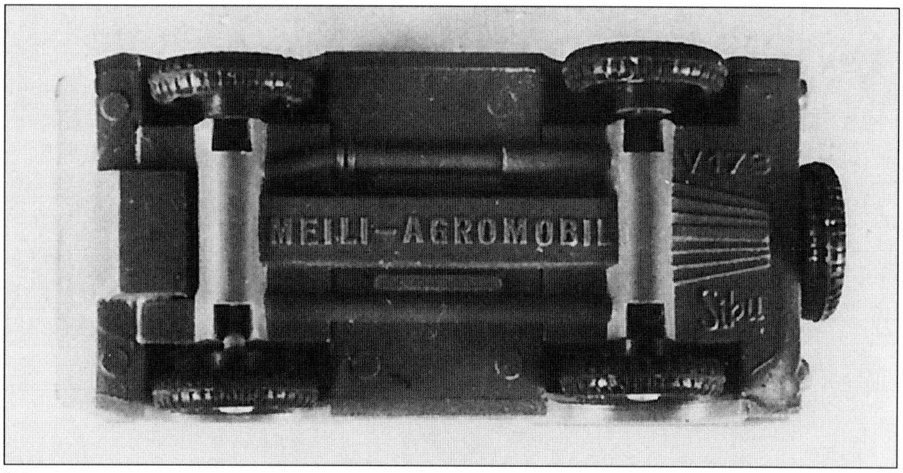

27

25 Ford 17M
»Badewanne«.
Zweifarbig, Modell 1960.
Siku, V172, Plastik, (türkis/gelb)
1961 – 1964. DM 60,--

26 Meili-Agromobil
Mit Fahrer. Siku, V173, Plastik,
1961 – 1964. DM 50,--

27 Unterboden des Siku-Meili-Agromobil. Mit Beschriftung.

28 Menck M60 – Hochlöffelbagger
Siku, V130, Plastik,
1959 – 1969. blau DM 130,--
rot DM 180,--

29 Opel Caravan 1500
Modell 1963. Siku, V226.
Metallspritzguß, weinrot.
1964 – 1966. DM 50,--

30 Binz-Krankenwagen
Auf Mercedes-Basis. Siku, V233,
Metallspritzguß,
1. Ausführung mit Kennzeichen »LÜD 2023« auf der Hecktür.
2. Ausführung mit Kennzeichen »LÜD 202« auf der Hecktür.
1960 – 1970. DM 60,--

28

29

30

Die MÄRKLIN-Thermoplastik-Serie 1953 – 1970

»Liliputautos aus Thermoplastik, passend zur Spur H0.
Modellgetreue Nachbildung der Vorbilder. Verschiedenfarbige Ausführung. Diese Modelle sind besonders zur Ausschmückung und Vervollständigung der Bahnanlagen geeignet.«

860/3 Volkswagen · 4,7 cm **—.40**

860/2 Porsche · 4,4 cm **—.40**

860/1 Mercedes 300 · 6 cm **—.45**

860/6 DKW · 4,9 cm —.40

860/4 Taunus 12 M · 4,7 cm —.40

860/7 **Mercedes-Lastwagen** 3,5 to · 7,1 cm —.60

860/5 E Volkswagen-Lieferwagen, einfarbig, **4,8 cm —.40**
860/5 M Volkswagen-Lieferwagen, mehrfarb., **4,8 cm —.50**

860/8 E Mercedes-Omnibus, einfarbig, 10,1 cm **—.80**

860/8 M Mercedes-Omnibus, mehrfarbig · 10,1 cm **1.—**

860/1 **Mercedes 300.** 6 cm, verschiedene Farben .... DM 150,--
860/2 **Porsche Type 356** 4,4 cm, verschiedene Farben. .... DM 150,--
860/3 **Volkswagen, Käfer.** 4,7 cm, verschiedene Farben. .... DM 150,--
860/4 **Taunus 12 M.** 4,7 cm, ... DM 180,--
860/5E **VW-Lieferwagen.** 4,8 cm, einfarbig .... DM 150,--
860/5M **VW-Lieferwagen.** 4,8 cm, mehrfarbig .... DM 180,--
860/6 **DKW.** 4,9 cm, verschiedene Farben .... DM 150,--
860/7 **Mercedes Lastwagen.** 3,5 to., 7,1 cm .... DM 150,--
860/8E **Mercedes-Omnibus.** 10,1 cm, einfarbig .... DM 300,--
860/8M **Mercedes-Omnibus.** 10,1 cm, mehrfarbig .... DM 350,--

32 Ford Taunus 12M
»Weltkugel« Märklin, Plastik,
Nr. 860/4.
dunkelrot oder grau.
1953 – 1966. DM 25,--
grün, hellrot, beige, nur 1953
DM 180,--

33 Unter gleicher Nummer wurden von 1967 – 1977 der **Ford 20M** geliefert. DM 25,--

34 Mercedes 3500
Lastkraftwagen. Märklin, Plastik.
Nr. 860/7.
grau 1953 – 1970.
beige 1959 – 1964. DM 60,--
dunkelrot 1953 – 1954. DM 150,--

35 Mercedes-Omnibus
Märklin, Plastik. Nr. 860E, Uni in verschiedenen Farben,
1953. DM 300,--
Nr. 860M, zweifarbig,
1953 – 1954. DM 350,--

32 33

34

35

Schuco-Piccolo

SCHUCO-PICCOLO, eine begeistert aufgenommene Schuco-Serie auf dem Gebiet des Miniatur-Spielzeuges

Schuco-Piccolo-Modellautos

Eine Serie von international bekannten Rennwagen-, Automodellen und Nutzfahrzeugen, Maßstab 1:90, modellgetreu.
Die stabilen, schweren **Vollmodelle aus Metallspritzguß** sind mit besonderen **Spezialachslagerungen, Nickelachsen** und **Nickelnaben** ausgestattet und **laufen auf ihren Gummirädern spielend leicht, schnell und weit.**

Ausstattung: mehrfarbig handlackiert, Steuerrad, Radachsen und Naben vernickelt.
Hinzu kommt noch, daß die meisten Piccolo-Nutzfahrzeuge auch **wirkliche Funktionen** ausüben können, wie z. B. kippen, kuppeln, schwenken von Aufbauten usw. Alle Piccolo-Fahrzeuge sind in farbiger Faltschachtel einzeln verpackt.

701 Modell Ferrari

702 Modell Mercedes 2,5 l

703 Modell Mercedes 2,5 l

704 Modell Mercedes 1936

705 Modell Midget (USA)

706 Modell Maserati

707 Modell BMW 507

708 Modell Porsche Spyder

709 Modell Austin

710 Modell Firebird II

711 Modell FX-Atmos (USA)

712 Modell Volkswagen

713 Modell Mercedes 190 SL

714 Modell MG-MGA

715 Modell Karmann Ghia

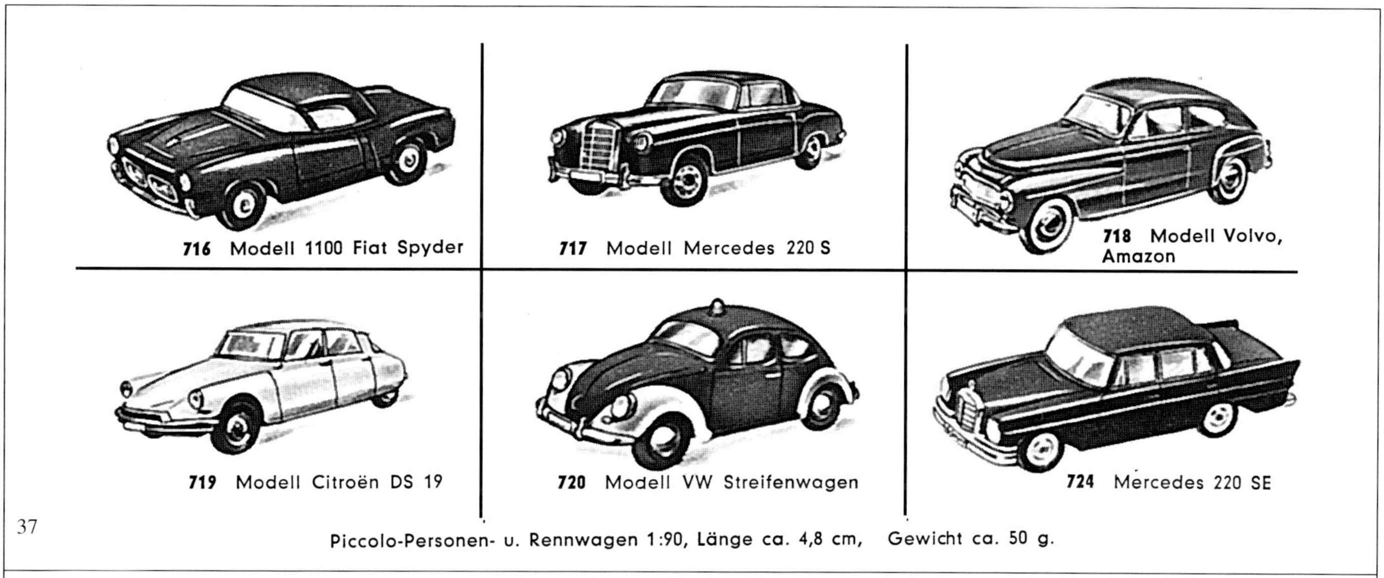
716 Modell 1100 Fiat Spyder
717 Modell Mercedes 220 S
718 Modell Volvo, Amazon
719 Modell Citroën DS 19
720 Modell VW Streifenwagen
724 Mercedes 220 SE
Piccolo-Personen- u. Rennwagen 1:90, Länge ca. 4,8 cm, Gewicht ca. 50 g.

37

Schuco - Piccolo
NUTZFAHRZEUGE
740 Mercedes-Benz-Bus
Länge 86 mm, Gewicht 50 g
743 Tiefkühl-Sattelzug
Länge 110 mm,
Gewicht 100 g
742 Mercedes-Benz-Sattelzugmaschine mit Tieflader
Länge 102 mm, Gewicht 65 g
741 Mercedes-Benz-Kastenwagen
Länge 50 mm, Gewicht 60 g
SHELL
744 Tankwagensattelzug Mercedes-Benz
Länge 110 mm, Gewicht 120 g
722
723
722 Wohnwagen
Länge 40 mm, Gewicht 22 g
723 Karmann mit Wohnwagen
Länge 89 mm,
Gewicht 75 g
745 Feuerwehrwagen Magirus-Deutz
Länge 94 mm, Gewicht 120 g

38

39

40

36-38 Schuco-Piccolo
Seite 44 und 45 Preise aller Typen
DM 180,-- bis DM 200,--
Ausnahme Feuerwehr Seite 45.

Die Serie Schuco-Piccolo umfaßt noch weitere LKW und Baufahrzeuge. Sie wurden zwischen 1957 und 1969 hergestellt. Alle Fahrzeuge aus Zinkspritzguß.

Schuco-Piccolo

39 Mercedes-Sattelzug, Nr. 743
»Bärenmarke«, keine Schiebetüren.
DM 400,--

40 Feuerwehr
Nr. 745 Magirus-Deutz.
links filigrane Leiter DM 400,--
rechts massive Leiter DM 300,--

41

42

43

Alle Matchbox-Fahrzeuge dieser Serie aus Zinkspritzguß hergestellt.

41 Anstecknadel der Matchbox-Sammler
Blech. Lesney, London, um 1960.
War Beigabe von Autopackung Nr. 71.
»Military Water Truck«. DM 150,--

42 Matchbox-Katalog
um 1960.
9,5 x 12,8 cm. DM 150,--

43 Vauxhall Victor Estate Car
Matchbox Nr. 38, um 1960.
mit Originalschachtel DM 60,--

44

45

46

44 VW-Camping-Bus
Matchbox Nr. 34.
um 1960.
Mit Originalschachtel DM 80,--

45 Spyker
Matchbox-Serie »Models of Yesteryear« Nr. Y16, Metallspritzguß mit Plastikteilen.
um 1960.
Mit Originalschachtel DM 60,--

46 Schaufellader »Excavator«
Matchbox Nr. 24.
um 1960.
Mit Originalschachtel DM 70,--

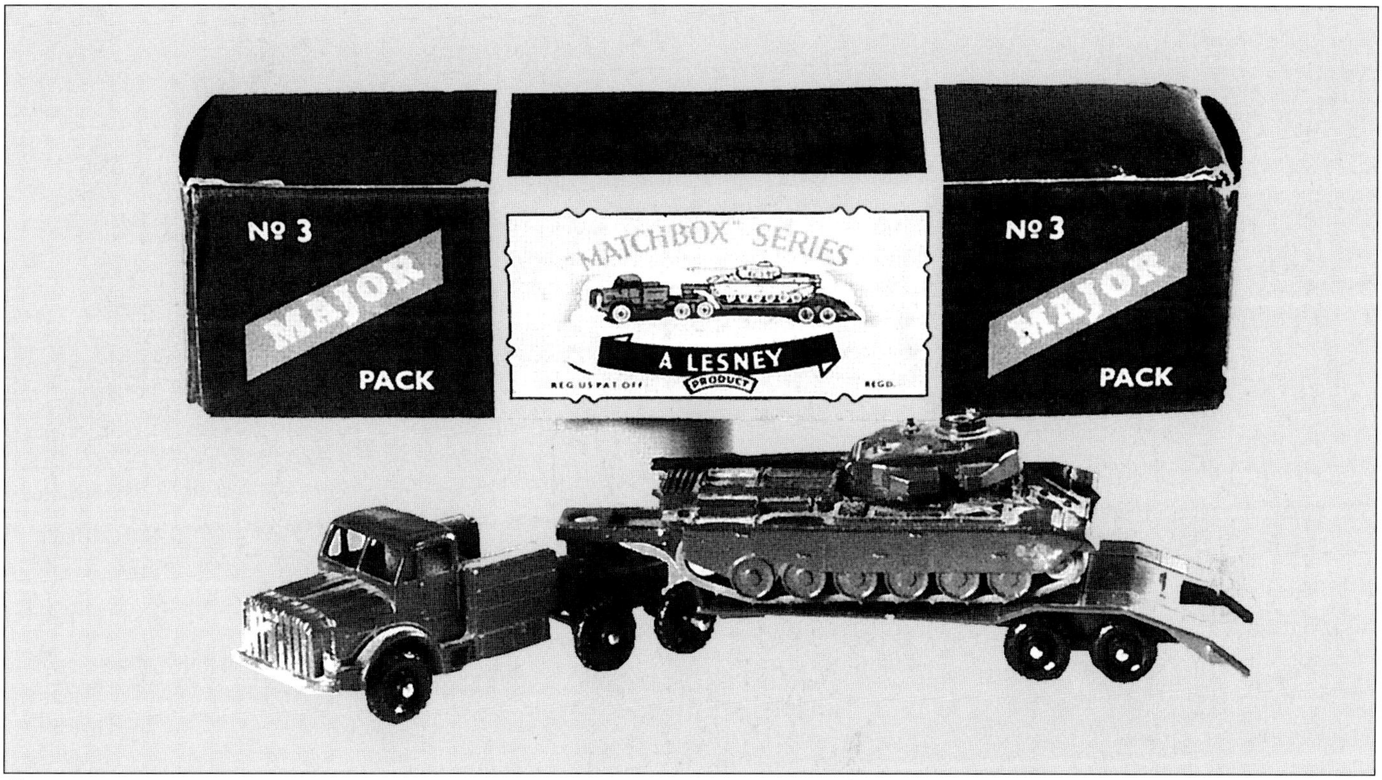

47

47 Tank-Transporter
mit M 3 Centurion-Panzer. Matchbox Major Pack Nr. 3.
um 1960.
Mit Originalschachtel DM 150,--

Aus einer anderen Welt:

48 Holden-Limousine (GM).
Wedico (Australien). Metallspritzguß, fünfziger Jahre. DM 50,--

48

49

50

49 Zement-Sattelzug
mit White-Zugmaschine.
Wiking Nr. 53,
1957/58. bis DM 110,--

50 VW-Bus »Verkehrs-Polizei«
Wiking Nr. 103.
1959/60. bis DM 80,--

51 Porsche Spyder
Wiking Nr. 167,
1959 – 1973. bis DM 80,--

52 Vanvall-Rennwagen
Wiking Nr. 245,
1960 – 1974. bis DM 40,--

51 52

53 Opel Kapitän
Modell '59. Wiking Nr. 110,
1961 bis DM 200,--

54 Fiat 1800
Wiking Nr. 90,
1962 – 1968. bis DM 350,--

55 Mercedes 600
Wiking Nr. 156,
1966 – 1979. bis DM 170,--

56 Mercedes 300
Wiking Nr. 150,
1960 – 1988. bis DM 120,--

53

54

55 56

57

58

59

57 Planierraupe
Wiking Nr. 655,
ab 1959. bis DM 60,--
Neupreis laufende Produktion DM 6,50

58 Mercedes 220 Coupé
Modell '55. Wiking Nr. 144,
1959 – 1967. bis DM 100,--

59 VW-Kombi Typ I
Kleinfeuerwehr. Wiking Nr. 603,
1961 – 1967. bis DM 90,--

60 Chevrolet Malibu
Wiking Nr. 220,
1966 – 1988. bis DM 30,--

61 Ford Continental
Wiking Nr. 210,
1959 – 1982. bis DM 180,--

62 Mercedes 300 SL
Wiking Nr. 833,
1984 – 1988. bis DM 20,--

63 Mercedes Formel 1-Rennwagen
Wiking Nr. 240,
1956 – 1973. bis DM 120,--

64 Magirus Sirius Spritzenwagen
Wiking Nr. 610,
1962 – 1967. bis DM 220,--

60 61

62 63

64

65 66 67

68

69

65 VW-Variant 1500
Wiking Nr. 42,
1964 – 1974. bis DM 60,--

66 VW 1600 TL
Wiking Nr. 43,
1967 – 1974. bis DM 60,--

67 VW 1500/1600 Stufenheck
Wiking Nr. 40,
1963 – 1972. bis DM 80,--

68 Mercedes 280 SE Cabriolet
Wiking Nr. 153,
1963 – 1976. bis DM 100,--

69 Mercedes
Unimog-Feuerwehr Pulver-Löschfahrzeug. Wiking Nr. 604,
1964 – 1974. bis DM 120,--

70 Löffelbagger
Wiking Nr. 660,
1967 – 1974. bis DM 120,--

71 Auto-Schütter
Wiking Nr. 657,
1964 – 1991. DM 20,--

72 Hanomag Schaufellader
Wiking Nr. 651,
1966 – 1987. DM 20,--

70

71

72

73

74

75

73 Raketenträger
Roskopf, Plastik,
um 1960. DM 50,--

74 Sowjetischer Panzer
Roskopf, Plastik,
um 1960. DM 50,--

75 Panzerhaubitze T98
Roskopf (RMM), Plastik.
Um 1960.
(hier mit Originalkarton) DM 50,--

76 Mercedes 230 SL/250 SL
Wiking Nr. 142,
1965 – 1978. bis DM 75,--

77 VW 411
Wiking Nr. 46,
1969 – 1979. bis DM 55,--

78 Ford 17 M
mit Blaulicht
Wiking Nr. 104,
1969 – 1972. bis DM 60,--

76

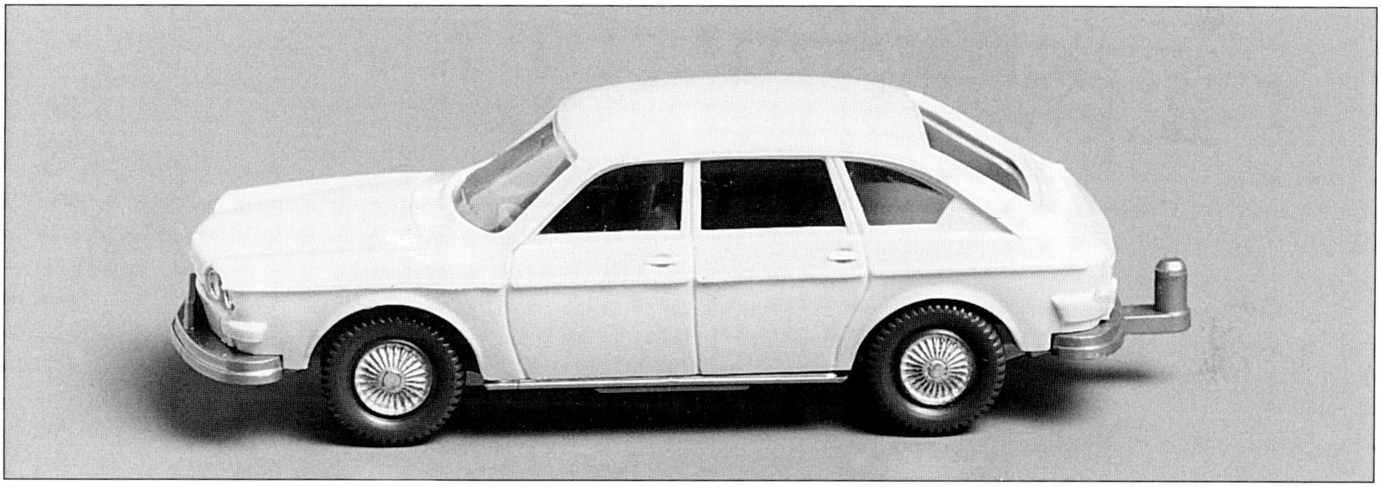

77

79 Mercedes L5000 Müllwagen
Wiking Nr. 643,
Originalmodell nur 1969.
bis DM 350,--
Neue Lieferung in Verbindung mit POLA-Gebäudebausatz. DM 30,--

80 Mercedes LP1317 Koffer
»Deutsche Möbelspedition«. Wiking Nr. 435,
1975 – 1977. bis DM 50,--

81 Mercedes LP1317 Koffer
»Fisch UNION«. Wiking Nr. 436,
1972 – 1973. bis DM 75,--

78

79

82 Scania 110 Pritschenlastzug
Wiking Nr. 460,
1974. bis DM 60,--

83 Mercedes L406
Rettungswagen. Wiking Nr. 278,
1974 – 1983. bis DM 30,--

84 VW-Bus, Typ II
Krankenwagen. Wiking Nr. 320,
1977 – 1983. DM 20,--

80 81

82

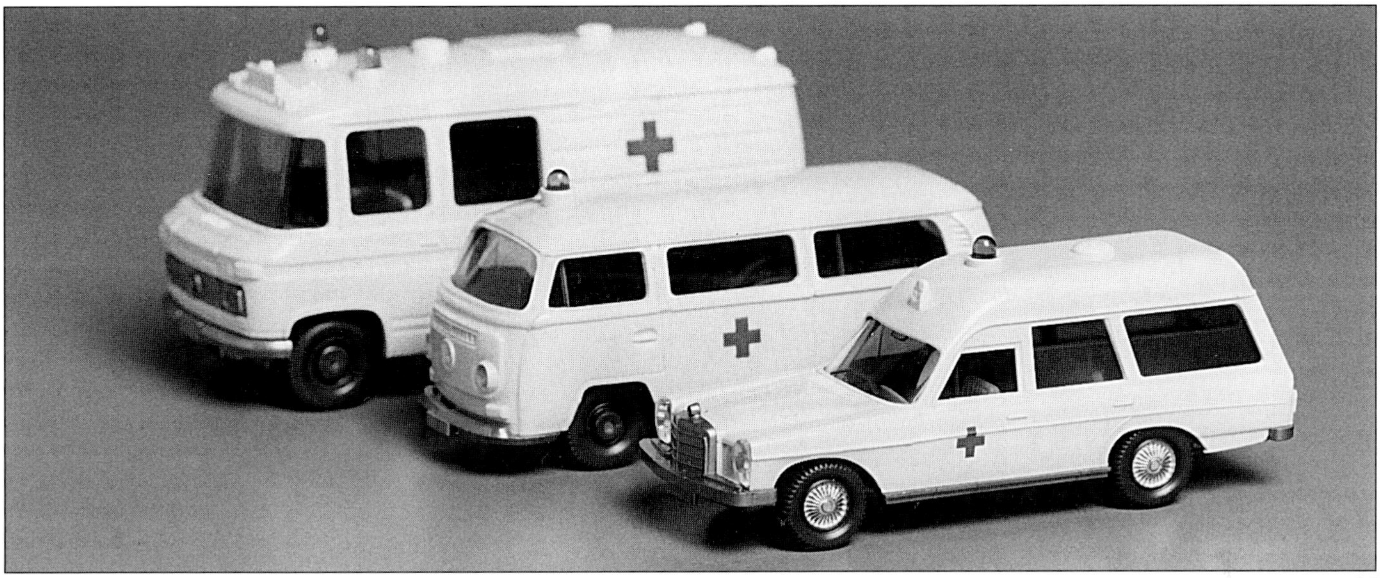

83 84 85

86

85 Mercedes 200/8
Binz KTW. Wiking Nr. 74,
1974 – 1988. bis DM 20,--

86 Mercedes 2632 S
Pritschensattelzug. Wiking Nr. 515,
1975 – 1976. bis DM 40,--

87 Citroen Pallas
Wiking Nr. 190,
1970 – 1979. bis DM 45,--

87

88

88 VW 1302, Käfer-Cabriolet
Wiking Nr. 33, ab 1972.
bis DM 65,--
Neupreis derzeit DM 4,50

89 Scania 110
Flüssiggas-Sattelzug. Wiking Nr. 805,
1971 – 1974. bis DM 100,--

90 Jaguar Sport XK 120
Wiking Nr. 20,
ab 1972. bis DM 30,--
Neupreis derzeit DM 3,75

91 Jaguar E-Typ
Wiking Nr. 22,
ab 1964. bis DM 40,--
Neupreis derzeit DM 3,75

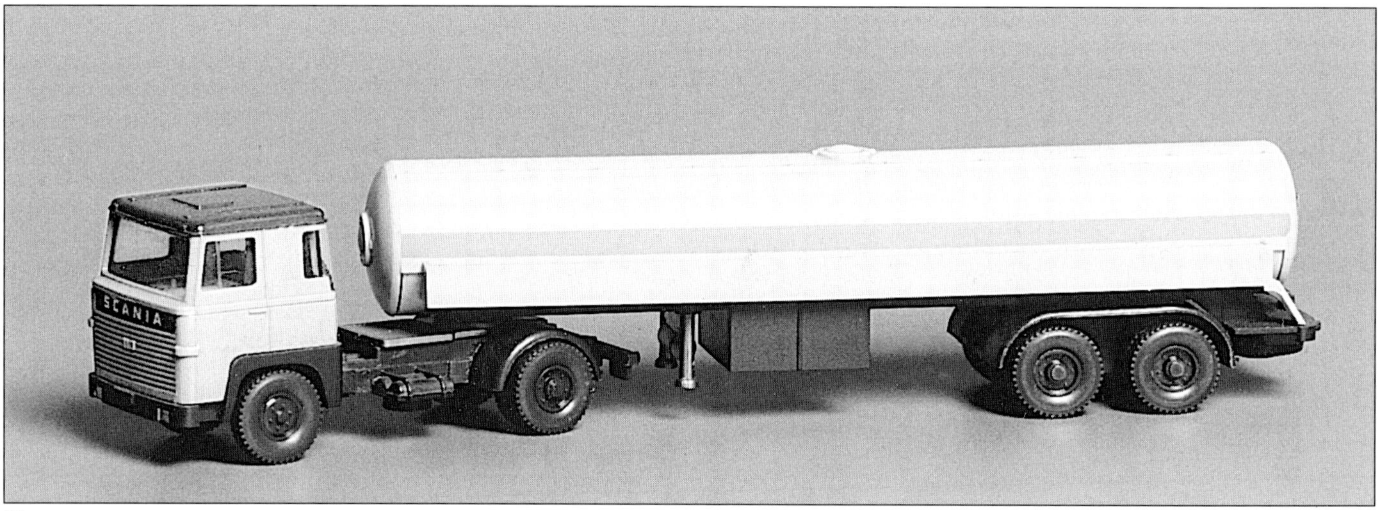

89

90 91

92

93 94

92 Mercedes LPS 1620 Koffersattelzug
»Stern Magazin«. Wiking Nr. 513,
1972 – 1974. bis DM 70,--

93 Opel Blitz
Polizei-Mannschaftswagen.
Wiking Nr. 1035,
1973 – 1982. bis DM 40,--

94 BMW 501
Polizei-Wagen. Wiking Nr. 196,
1984 – 1988. DM 8,--

95 Henschel Schüttwagen
mit Absetzmulde. Wiking Nr. 645,
1975 – 1979. bis DM 40,--

95

96

97 98

99

96 Horch 850
Modell 1937. Wiking Nr. 825,
ab 1974. bis DM 120,--
Neupreis derzeit DM 5,75

97 BMW 501
Wiking Nr. 195,
1975 – 1984. bis DM 15,--

98 BMW 328
Wiking Nr. 828,
ab 1975. bis DM 15,--
Neupreis derzeit DM 4,50

99 Volvo N10
Pritschenlastzug. Wiking Nr. 462,
1978 – 1979. bis DM 60,--

100 VW Golf
Typ I Zweitürer. Wiking Nr. 45,
1978 – 1983. bis DM 15,--

101 VW-Golf
Typ I Viertürer. Wiking Nr. 44,
1976 – 1984. bis DM 20,--

102 Scania 111
Container-Sattelzug »FB«.
Wiking Nr. 520,
1978 – 1982. bis DM 35,--

103 Mercedes 1617
Heizölwagen »Mobil Heizöl«.
Wiking Nr. 810,
1978 – 1983. bis DM 60,--

100 101

102

103

104 105

106

104 Opel Senator
Wiking Nr. 82,
1980 – 1988. DM 7,--

105 Opel Commodore Coupé
Wiking Nr. 84,
1968 – 1982. bis DM 20,--

106 Magirus 260-25
Transportbeton. Wiking Nr. 680,
1974 – 1982. bis DM 30,--

107 Mercedes 450 SE
Wiking Nr. 151,
1974 – 1986. bis DM 20,--

107 108

109

108 Mercedes 500 SE
Wiking Nr. 157,
1981 – 1991. bis DM 10,--

109 Audi 100
Wiking Nr. 120,
1971 – 1983. bis DM 20,--

110 VW 1303 Käfer
Wiking Nr. 30,
1975 – 1988. bis DM 45,--

111 VW 1303 Käfer
»Post«.
Wiking Nr. 37,
1975 – 1988. bis DM 30,--

110 111

112 113 114

115

116

112 Bedford Blitz, Pritschenwagen
Wiking Nr. 352,
1979 – 1984. bis DM 10,--

113 Bedford Blitz, Kastenwagen
Wiking Nr. 356,
1981 – 1984. bis DM 6,--

114 Bedford Blitz, Kombi
Wiking Nr. 355,
1981 – 1984. bis DM 10,--

115 IH-US-Zugmaschine
Container-Sattelzug, »Trans-Europa«.
Wiking Nr. 526,
1980 – 1981. bis DM 30,--

116 Mercedes 1617 S
Stahl-Container-Sattelzug »CTI«
Wiking Nr. 526,
1982. DM 15,--

117 DAF-Tanksattelzug
»BP Stromeyer«. Wiking Nr. 780,
1985 – 1990. DM 15,--

118 Porsche 911
Cabrio. Wiking Nr. 162,
ab 1984. bis DM 15,--
Neupreis derzeit DM 5,75

119 Porsche 911 SC
Wiking Nr. 161,
1984 – 1990. bis DM 10,--

120 Porsche Carrera
Wiking Nr. 163,
1965 – 1989. bis DM 85,--

117

118 119 120

121 122

123 124

125 126 127

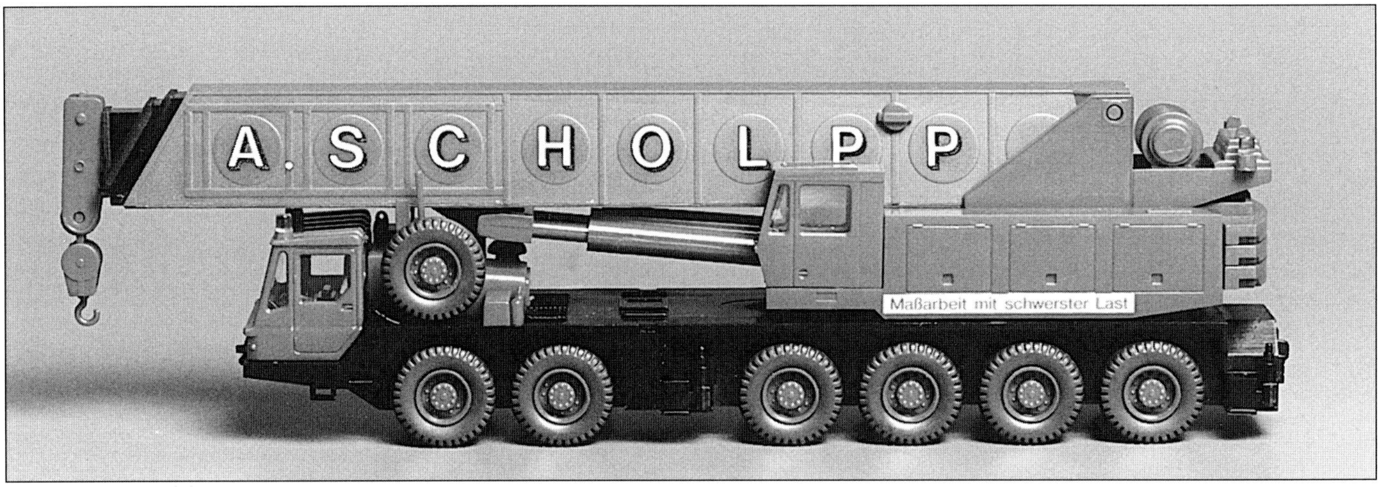

128

129

121 Mercedes 260 E
Wiking Nr. 153,
ab 1986. Neupreis DM 6,50

122 Mercedes 240 D
Wiking Nr. 152,
1979 – 1986. bis DM 15,--

123 VW Golf Typ II
Zweitürer. Wiking Nr. 45,
1985 – 1988. DM 6,--

124 VW Golf Typ II
Viertürer. Wiking Nr. 44,
1985 – 1991. DM 7,--

125 VW-Kastenwagen
Typ III »RXS«. Wiking Nr. 290,
1986. DM 10,--

126 VW-Kastenwagen
»Reifen Seyfert«. Wiking Nr. 290,
1989. DM 10,--

127 VW-Kastenwagen
»Klüwe«. Wiking Nr. 291,
1990 – 1991 DM 10,--

128 Grove Auto-Kran
Wiking Nr. 632,
ab 1987, Variante ab 1990.
Neupreis derzeit DM 42,--

129 VW 1200
»Brezelkäfer«.
Wiking Nr. 830,
ab 1986.
Neupreis derzeit DM 4,50

130 Mercedes 230 TE
Wiking Nr. 154,
ab 1987.
Neupreis derzeit DM 5,75

131 Mercedes 250 T
Wiking Nr. 155,
1980 – 1987. DM 10,--

132 Rolls Royce
Silver Wraight, Modell 1951.
Wiking Nr. 838,
ab 1978. bis DM 90,--
Neupreis derzeit DM 6,50

130 131

132 133

134 135

136

137

138 139

133 Rolls Royce
Silver Shadow. Wiking Nr. 837,
ab 1987.
Neupreis derzeit DM 5,75

134 Deutz-Fahr-Schlepper
Wiking Nr. 386,
ab 1987.
Neupreis derzeit DM 5,75

135 Heuladewagen
Wiking Nr. 381,
ab 1991.
Neupreis derzeit DM 5,75

136 BMW 750i
Wiking Nr. 192,
ab 1988.
Neupreis derzeit DM 5,75

137 Mercedes 230 GE
mit Pferdeanhänger.
Wiking Nr. 066,
ab 1990.
Neupreis derzeit DM 11,--

138 Mercedes Unimog U 1700
Wiking Nr. 374,
1988 – 1990. DM 6,--

139 Mercedes Unimog 406
Wiking Nr. 371,
1967 – 1983. bis DM 40,--

140 Werbepackung für VW
mit Caravelle Typ IV und Kasten Typ IV. Basis Nr. 295 und 296, 1991. DM 25,--

141 desgl. Baujahr 1990 DM 40,--

142 desgl. mit Modellen von Wiking und Brekina (VW-Bus, Typ I) Basis Nr. 3100, 1990. DM 15,--

143 VW-Caravelle
Typ IV. Wiking Nr. 296, ab 1990.
Neupreis derzeit DM 8,50

144 VW-Transporter
Typ IV. Wiking Nr. 295, ab 1990.
Neupreis derzeit DM 8,50

145 VW-Pritschenwagen
Typ IV. Wiking Nr. 297, ab 1991.
Neupreis derzeit DM 8,50

146 Mercedes Renntruck
Werbemodell für Mercedes. Wiking Basis Nr. 441, 1991. bis DM 100,--

140 141 142

143 144 145

146

147

148

149

147 Büssing 8000
Kabeltransporter »Siemens«.
Wiking Nr. 852,
1989 – 1990. bis DM 20,--

148 Scania 143
Streamline Pritschensattelzug
»ASG-Spedition«. Wiking Nr. 518,
Neuheit 1992
Neupreis DM 29,--

149 Trabant 601 S
Wiking Nr. 129,
ab 1991.
Neupreis derzeit DM 5,75

150 Mercedes 500 SEL
Modell 91. Wiking Nr. 158, ab 1991.
Neupreis derzeit DM 8,50

151 Mercedes 300 SL
Roadster. Wiking Nr. 834, ab 1991.
Neupreis derzeit DM 9,50

152 Porsche Carrera 4
Cabriolet. Wiking Nr. 165, ab 1991.
Neupreis derzeit DM 7,25

150

151

152

153

154

155

153 Mercedes O 321
Bundeswehr-Bus.
Roco-Minitanks Nr. 808.
Neuheit 1992.
Neupreis liegt noch nicht vor
(ca. DM 13,-- / 15,--).

154 MAN 630 L2 A
LKW 5t gl Sanitätsfahrzeug.
Roco-Minitanks Nr. 503.
Neuheit 192.
Neupreis DM 12,90

155 TOW Missile Carrier
Roco-Minitanks Nr. 524,
Neuheit 1992.
Neupreis DM 11,90

156 Audi 100
Herpa Nr. 2004,
1978 – 1985. DM 20,--

157 Audi 80 GTE
Herpa Nr. 2008,
1978 – 1985. DM 20,--

158 Audi Quattro Rallye
Herpa Nr. 3544,
1985 – 1986. DM 20,--

159 Opel Omega GLS
Herpa Nr. 2057,
ab 1987.
Neupreis derzeit DM 5,--

160 Opel Vectra Fließheck
Metallic. Herpa Nr. 2073,
ab 1989.
Neupreis derzeit DM 6,50

156 157

158

159 160

161

162 163

164 165

161 VW Golf II
»Triumph-Adler«. Herpa Nr. 3571, 1987. DM 30,--

162 BMW 850i
Metallic. Herpa Nr. 3079, ab 1989.
Neupreis derzeit DM 7,50

163 BMW Z1
Herpa Nr. 2074, ab 1988.
Neupreis derzeit DM 6,--

164 Porsche 928 S
Metallic. Herpa Nr. 3025, 1980 – 1988. DM 20,--

165 Porsche 911 Turbo
Metallic. Herpa Nr. 3060, 1987 – 1988 (Abb.) DM 10,--
ab 1989.
Neupreis derzeit DM 6,50

166 Mercedes 300 CE
Metallic. Herpa Nr. 3064,
ab 1988.
Neupreis derzeit DM 6,50

167 Mercedes 500 SL
Herpa Nr. 2515 »High Tech«,
ab 1990.
Neupreis derzeit DM 12,50

168 VW Passat Variant
Metallic. Herpa Nr. 3083,
ab 1990.
Neupreis derzeit DM 7,50

169 VW Corrado
Metallic. Herpa Nr. 3067,
ab 1988.
Neupreis derzeit DM 6,50

170 MAN SÜ 240 – Bus
»MAN« Herpa, aktuelle Nr. 140485.
(Bahnbus)
Neupreis derzeit DM 15,--

Renault R4
– Sondermodelle –
171 »Sapeurs Pompiers« (franz. Feuerwehr). Herpa Basis-Nr. 2019.
DM 30,--

172 »Gendamerie«
Herpa Basis-Nr. 2019. DM 30,--

166 167

168 169

170

171 172

173 MAN F90 Sattelzug
»Kühne & Nagel«.
Herpa. DM 30,--

174 Mercedes 230 GE
Metallic. Herpa Nr. 3076,
1989 – 1991. DM 10,---

175 Mercedes 230 GE
Cabriolet, Metallic. Herpa Nr. 3075,
ab 1990.
Neupreis derzeit DM 6,50

173

174 175

176

176 IVECO Turbostar
Hängerzug »Danzas«
Herpa Nr. 140287,
ab 1991.
Neupreis derzeit DM 22,--

177 Mercedes 190 E
2,5 – 16 EVO II »East«.
Herpa Nr. 3542,
»Private Collection«-Box.
1991. DM 30,--

178 US-School-Bus, Harvester
Herpa Nr. 140492, ab 1991.
Neupreis derzeit DM 20,--

177

178

179 180

181 182

183 184

179 DKW Reichs/Meisterklasse
Brekina Nr. 1201, 1981. DM 15,--

180 BMW-DIXI
Brekina Nr. 1502, ab 1981.
Neupreis derzeit DM 5,95

181 Ford 17M
Kombi »de luxe«. Brekina Nr. 1906, ab 1983.
Neupreis derzeit DM 7,--

182 Ford 17M
Limousine »de luxe«. Brekina Nr. 1905, ab 1983.
Neupreis derzeit DM 7,--

Sondermodelle:

183 VW-Kasten I
»Spediteur Weichelt«. Brekina, um 1988. DM 35,--

184 VW-Kasten II
»Volkswagen Service Technique«. Brekina, Sondermodell für Belgien, um 1987. DM 120,--

185 186

185 Mercedes 190 Kombi
»Københavns Brandvæsen«.
Brekina Nr. 1878,
1990. DM 40,--

186 Mercedes 190 Limousine
Polizeiwagen. Brekina Nr. 1823,
ab 1982. DM 15,--

187 Sondermodell
Mercedes 1620 Tanksattelzug,
»AGIP«. Brekina,
1992. DM 30,--

188 Opel Blitz
Bierpritsche. Brekina, ab 1992.
Neupreis DM 12,50

187

188

189 190

191

Limitierte Sondermodelle:

189 Mercedes O 319
»Stadtwerke Lübeck«. Brekina,
1992. DM 20,--

190 Mercedes L 319
»Eversbusch«.
1992. DM 20,--

191 Mercedes 280 SE 4,5
Brekina Nr. 2107, 1992.
Neupreis in »Vitrine« DM 19,95

192 MAN 10, 212 Sattelzug
mit neuem Pritschenauflieger
Brekina Nr. 7831, 1992.
Neupreis DM 19,--

192

193

194

193 MAN 750 Tanksattelzug
»Aral«, mit Fernfahrerkabine,
Albedo,
um 1985. DM 30,--

194 Mercedes L 311
Möbelwagenzug
»Johann Fischer Erben«.
Albedo,
um 1985. DM 30,--

195 VW 147 »Fridolin«
Postauto. Hersteller: Gollwitzer Nr. 74,
Gießharz-Fertigmodell,
Kleinserie, ab 1991.
Neupreis derzeit DM 34,--

195

196 Mercedes Taxi
geschlossen. Roskopf Nr. 201, ab 1990.
Neupreis derzeit DM 10,--

197 Hanomag WD-Schlepper
Mit Möbelanhänger »Karl Balke«.
Roskopf Nr. 380, ab 1991.
Neupreis derzeit DM 18,--

198 Jumbo Cheetah
Löschfahrzeug, »RMM«.
Reinh. Merlau Modelle,
ab 1991.
Neupreis derzeit DM 25,--

196

197

198

199 VW Bus
»Baby Notarzt«. Roco Nr. 1372, ab 1990.
Neupreis derzeit DM 15,--

200 Steyr 680 Pritschen-LKW
»Kühne & Nagel«.
Roco. DM 15,--

201 Magirus D-Pritschenkipper
Mit Tandem-Anhänger, »Schwarz Bau AG«.
Roco. DM 25,--

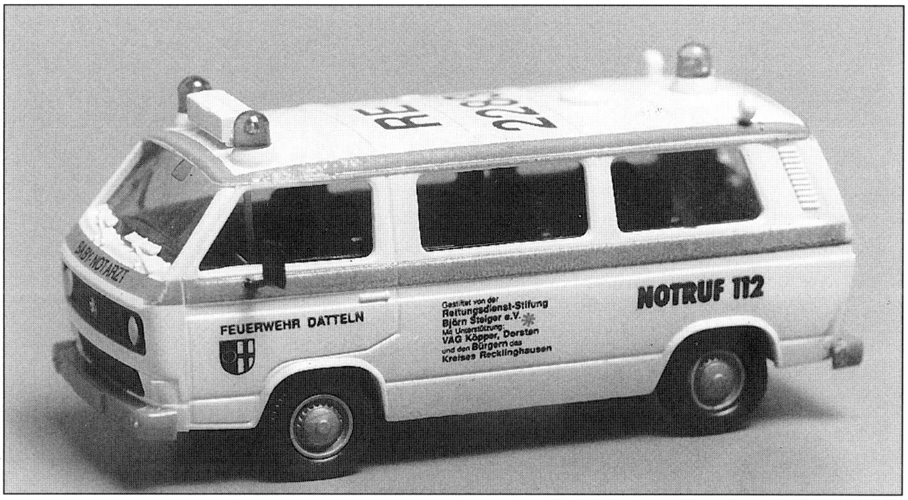

199

200

201

202

203

204

202 Mercedes LF 25
Roco Nr. 1374, ab 1991.
Neupreis derzeit DM 29,--

203 Mercedes THW GKW
Preiser. DM 25,--

204 MAN Feuerwehr
Löschfahrzeug.
Preiser. DM 25,--

205

205 Mercedes Drehleiter
Preiser, ab 1990.
Neupreis derzeit DM 28,--

206 Mercedes Feuerwehr
Schlauchwagen SW 2000.
Preiser. DM 25,--

207 Magirus Löschfahrzeug
Preiser, Bausatz. DM 20,--

206

207

208

209

210

208 Liebherr 974 Tieflöffelbagger
Kibri, Bausatz. DM 30,--

209 Faun F 1310 Radlader
Kibri, Bausatz. DM 20,--

210 Mercedes 3-Achs-Kipper
Kibri, Bausatz. DM 15,--

211 212

211 Ford Thunderbird ’56
Praliné Nr. 5200, ab 1990.
Neupreis derzeit DM 8,50

212 Chevrolet Corvette
Praliné Nr. 5400, ab 1990.
Neupreis derzeit DM 8,50

213 Ford Escort Limousine
Praliné Nr. 5701, ab 1991.
Neupreis derzeit DM 8,50

214 Renault FR 1/Mack Bus
»American Airlines«.
Praliné, ab 1992.
Neupreis derzeit DM 22,--

213

214

215

216

217

215 MG Midget TC Cabriolet
Praliné Nr. 5900, ab 1992.
Neupreis derzeit DM 8,50

216 Mercedes
Formel 1-Rennwagen.
Morem, Metallmodell. DM 40,--

217 Chevrolet
Modell 1950. Verem,
1990 – 1991. DM 5,--

218 Fiat Tipo
Metallic.
Rietze Nr. 20370. DM 8,--

219 Honda Accord
Aero Deck, Metallic. Rietze Nr. 20240,
Neupreis derzeit DM 9,50

220 Mitsubishi Colt
Metallic. Rietze Nr. 20290,
Neupreis derzeit DM 9,50

221 Ford Cargo
Pritschenaufbau. Rietze Nr. 60113,
Neupreis derzeit DM 20,--

218

219 220

221

222 223

224

222 Fiat 500
I.M.U. Nr. 00501
Neupreis derzeit DM 5,95

223 BMW-Isetta
»Lufthansa«.
I.M.U. Nr. 03004,
Neupreis derzeit DM 7,95

224 Lamborghini Miura
I.M.U. Nr. 08002, ab 1991.
Neupreis derzeit DM 8,--

225 Mercedes Kofferlastzug »PTT«
»I.M.U. Replika Modell«. 1991.
Neupreis derzeit DM 29,--

226 Magirus Tanksattelzug
»Shell«. »I.M.U. Replika Modell«,
Nr. 20013, ab 1992.
Neupreis derzeit DM 24,95

227 Mercedes 300 SL
Monogramm: Mini Exacts, ab 1989.
Neupreis derzeit DM 6,--

228 Jaguar E-Typ
Monogramm: Mini Exacts, ab 1989.
Neupreis derzeit DM 6,--

229 Renault R5 Turbo
ab 1989.
Neupreis derzeit DM 4,--

230 Ferrari 308 GTS
ab 1989.
Neupreis derzeit DM 4,--
beide Modelle Miber

225

226

227 228

229 230

231

232

233

231 Skoda S 706 RTTN
Tanksattelzug »Elaskon«
Permot,
1977 – 1980. DM 15,--

232 Skoda S 706 RT
Wasserwagen.
Permot. DM 6,--

233 Skoda S 706 RT
Zementsilowagen.
Permot. DM 10,--

234 Ikarus 66 Bus
»Arbeiterversorgung«.
s.e.s.-minicars Nr. 14 1084-20,
Neupreis derzeit DM 13,90

234 235

236

235 Ikarus 311 Reisebus
s.e.s.-minicars Nr. 14 108301.
Neupreis derzeit DM 11,--

236 Unic Pritschensattelzug
s.e.s.-minicars, Nr. 14 106601.
Neupreis derzeit DM 13,90

237 IFA W50 LKW »THW«
»Hilfe für Rußland«.
s.e.s.-minicars, Nr. 14 105740.
Neupreis derzeit DM 17,50
(incl. Spende)

237

238 239

240

241 242

238 Renault Ami
Eko.
Neupreis derzeit DM 3,--

239 Renault 4 CV
Eko.
Neupreis derzeit DM 3,--

240 Volvo Eurotrotter
Koffersattelzug »Carlsberg Beer«.
R + H Modellauto, ab 1992.
Neupreis derzeit DM 26,--

Skoda 1200
241 Kombi
242 Limousine
IGRA, ab 1988.
Neupreis derzeit je DM 5,--